TEJIDOS Y BORDADOS
POPULARES ESPAÑOLES

© de la presente edición
del 2024;

Editorial MAXTOR
Fray Luis de León, 20
47002 Valladolid (España)
+34 983 090 110
pedidos@maxtor.es
www.maxtor.es

I.S.B.N. 978-84-1171-042-8
depósito legal: DL VA 174-2024

TEJIDOS Y BORDADOS
POPULARES ESPAÑOLES

POR

MILDRED STAPLEY

MIEMBRO CORRESPONSAL DE THE HISPANIC
SOCIETY OF AMERICA

EDITORIAL VOLVNTAD, S. A.

Marqués de Urquijo, 32 y 34

MADRID

A LA MEMORIA DE LAS ESPAÑOLAS
HUMILDES Y ANONIMAS, CUYAS IN-
TERESANTES LABORES ME HAN PRO-
PORCIONADO TANTAS HORAS DE
VERDADERO PLACER

Dechado compuesto de varias cenefas, y con la inscripción: *Bernabela Gonzalez lo hizo en Toledo año de 1771.*

ÍNDICE

INDICE DE LÁMINAS

INTRODUCCION

Aunque no escasean los extranjeros que de algún tiempo a esta parte vienen descubriendo en España importantes veneros de belleza, desconocidos y hasta insospechados en sus respectivos países, pocos, sin embargo, han sido hasta ahora los que lograron dejar huellas durables de su paso por nuestra Patria. Unas palabras, algún artículo, producto de un entusiasmo propio de turistas, y nada más.

Entre las contadas excepciones de esta regla debe citarse a la cultísima hispanófila Mildred Stapley, autora de este libro y de otros de análogo mérito. En las presentes páginas, que esta señora, con simpática modestia, llama «unas leves observaciones», vemos, y verán los lectores, un compendio muy interesante de la historia de nuestros tejidos y bordados populares, avalorado con ilustraciones bellísimas. Estas labores son la expresión instintiva y múltiplemente variada de diversidad de mujeres españolas, cuyas labores representan una tradición nacida en remotas centurias, bajo la dominación árabe; pero cuyos temas, sin perder sus rasgos originales, han ido evolucionando conforme a los moldes artísticos propios de nuestra raza.

Como es natural, en la confección de estas labores populares sólo entran materiales sencillos y fáciles de obtener. Los motivos más complicados se estilizaron y simplificaron muy considerablemente; pero como la tradición en que se apoyaban era vigorosa, las humildes artífices españolas que los interpretaban han seguido produciendo obras de admirable belleza que, como advierte la señora Stapley, merecen ser más general-

1

mente conocidas y mejor estudiadas dentro y fuera de nuestro país. Y, en efecto, la autora bien predica con el ejemplo al recoger, para nuestro deleite, estos interesantes datos acerca de los bordados y tejidos populares; asunto que, como otros tratados por ella con igual amor, llega por primera vez al conocimiento del público en general, gracias a una labor perseverante y a una sólida cultura, especializada en el estudio de las manifestaciones artísticas de nuestra España.

Yo me felicito, por tanto, de haber hallado esta buena ocasión para expresar a mi amiga, Mrs. Mildred Stapley Byne, mi gratitud, por ver cuán cumplidamente ha realzado en la presente obra una fase interesantísima de nuestro arte nacional.

LA DUQUESA DE PARCENT

PREFACIO

Ha sido mi diversión predilecta, durante los seis años de mi grata estancia en España, el reunir y estudiar bordados y tejidos antiguos españoles. La primera de ambas ocupaciones, siendo más sencilla, pronto ganó terreno sobre la segunda, pues en ésta me queda aún mucho que aprender; ni me atrevería a publicar estas escasas e incompletas observaciones si no creyera que el copioso material gráfico que las acompaña había de avalorar cumplidamente la obra.

Casi todas las piezas que figuran en nuestras láminas pertenecen al siglo XVII y al XVIII; pero todas ellas conservan una tradición mucho más antigua, es decir, la árabe, y con anterioridad, la egipcia y la persa. Siendo España un país de evolución lenta y menos mudable que en nada en todo lo que se refiere al hogar, bien pudiera ser que las ropas de casa—sábanas, paños, tapetes, etc.—que aquí tenemos a la vista fueron reproducción de otras prendas utilizadas mucho tiempo ha; y precisamente porque los cambios de moda y de técnica, tan frecuentes en las grandes poblaciones, apenas si tenían repercusión en los humildes pueblecillos donde las valientes mujeres de España proveían de elementos textiles a sus familias, estos tejidos y bordados tradicionales pueden ser considerados como genuina expresión del gusto popular nacional a través de los siglos.

En varios países, según me dicen, se ha iniciado una renovación de interés en estas ocupaciones femeninas; pero es de lamentar que no puedan tomar parte en dicho movimiento las mujeres aldeanas, por tener éstas, desgraciadamente, poco tiempo libre que dedicar a obras manuales, a causa del aumento de sus quehaceres domésticos, más complicados que los que exigía la vida en los siglos anteriores. Son más bien señoras de la clase acomodada las que ahora se dedican a tejer y bordar. Su gestión, aun garanti-

3

zando la conservación de un arte que de otra manera hubiera desaparecido, y por lo mismo muy de celebrar, forzosamente ha de carecer del encanto peculiar de las obras primitivas. ¿Qué señora del siglo XX puede sentir el arte con la ingenuidad, la sencillez, la sintética simplicidad de una mujer del pueblo? Tal vez los ejemplos que aquí ofrecemos sirvan para sugerir una manera de inventar dibujos modernos, específicamente nacionales, en combinación con la inmejorable técnica antigua.

Los referidos grabados han sido sacados, en su mayoría, de las piezas que yo he ido coleccionando mientras viajaba por España (sobre todo, por tierras de Castilla); y merced al interés y amistad del insigne pedagogo D. Manuel Cossío, puedo enseñar algunos ejemplares de los reunidos por él y su distinguida esposa para el Museo Pedagógico Nacional, así como otros del Museo de Arte Industrial, debidos a la amabilidad de su director, D. Rafael Doménech. Cada uno de los mencionados Museos representa una afición personal y desinteresada de parte de su fundador, y, como otras muchas empresas artísticas e interesantes de España, son, por desgracia, poco conocidas y visitadas.

MILDRED STAPLEY DE BYNE

4

La típica combinación de hilos azul y melado.

I

Toma casa con hogar
Y mujer que sepa hilar.

Aquí en España, y a pesar del gran desarrollo de la industria algodonera de Cataluña, hay todavía mujeres que se dedican a hilar, tejer y bordar a mano. No ocurre lo mismo en los demás países de la Europa occidental desde la Gran Guerra, que tantos cambios operó en las costumbres y ocupaciones femeninas.

Cierto es que la planta del lino tampoco se cultiva hoy en España tan extensivamente como antes. Ello exigiría el sistema de irrigación científica, con la cual los moros supieron dar a un país naturalmente árido carácter fértil y ameno. Los cristianos que sucedieron a los moros descuidaron esta preciosa herencia agronómica, abandonando poco a poco el sistema de irrigación morisco y limitando sus esfuerzos al fomento de aquellos productos que requerían poca humedad. Entre éstos no figura el lino; y sólo la posesión de tierra buena y muy bien abastecida, naturalmente, de agua, hubiera podido tentar al cultivador a seguir sembrándole. Tales terrenos, no obstante haberse dejado de plantar lino en ellos ya hace años, todavía reciben la calificación de tierra de linares, es decir, tierra buena.

Sin embargo, el cese de irrigación no fué la única causa que contribuyó a disminuir el cultivo del lino en España. Su abandono fué inevitable frente a la invasión de géneros de algodón hechos a máquina y vendidos a bajo precio. Hoy en día quedan pocos y pequeños linares, que yo sepa, y éstos, que se encuentran principalmente en Galicia y Extremadura, abastecen tan sólo a los pueblos inmediatos. De ahí que las mujeres de dichas regiones sigan lavando el lino en el río, peinándole, atragantándose con su pelusa, además de hilarlo y tejerlo exactamente como lo hacían sus antepasados. El telar de caña, aparejado en casa por el marido, es tan arcaico como el arado de madera y los carros de bueyes, con ruedas de una sola pieza, que todavía se usan en Galicia y Portugal.

Sabido es que la tela de hilo que se teje en esta forma anticuada no es tan fina y flexible como la que antes se tejía en Játiba, cuya fama nos es conocida por las alabanzas de Plinio y del poeta Marcial (nacido en España); pero bien tejida, de mucha duración, sí lo es; prueba de ello, que resiste el roce del uso diario, y más aún, el uso constante de la piedra al lavar las prendas en los ríos.

Y así, consistente y bien tejido, ha sido siempre el llamado lienzo casero, que no tenía más destino que el de servir para uso y adorno de la casa rústica. Jamás sospecharon las que lo fabricaban y lo adornaban que sus modestas labores llegarían a llamar la atención general, aparte de la admiración de sus íntimos. Nunca esperaron que su obra manual fuese considerada como producto artístico; en tal concepto sólo tenían a las maravillosas vestimentas eclesiásticas—todo seda y terciopelo—procedentes de las fábricas de Talavera o Toledo, Granada o Valencia, y confeccionadas en algún centro famoso de bordadores, como lo fué el taller establecido en el siglo XVI en el monasterio de Nuestra Señora de Guadalupe. Vistosos en verdad eran aquellos ornamentos de iglesia. No obstante, ciertas almas sencillas que se dedican a coleccionar y estudiar labores campesinas, juzgan a éstas tan dignas de admiración como los ricos ornamentos de Iglesia.

Prueba de que las hilanderas caseras no sabían atribuir valor estético a sus telas es el hecho de que las menospreciaron, sustituyéndolas por telas de algodón. Hasta después de mediados del siglo XVIII, la mujer española no pudo comprar géneros de algodón, por ser éstos muy escasos y costosos; de modo que antes de aquella fecha era caso muy raro el que una campesina pudiera añadir a su equipo de novia una sábana de dicho material; y en cuanto a camisas y pañuelos del mismo, tampoco estaban entonces al alcance de la clase rústica o menos acomodada. Tengo en mi colección un pañuelo bordado de tela de algodón muy fino con la fecha de 1642. La familia que consintió vendérmelo solía guardarlo entre dobleces de damasco antiguo y de bastante valor en sí mismo, porque siempre había oído decir que el famoso pañuelo, propiedad de sus abuelos, era cosa de extraordinario mérito. Nosotras, las del siglo XX, harto familiarizadas con los productos de algodón de las máquinas de Cataluña y de Inglaterra, anhelamos, por el contrario, poseer el antiguo lienzo casero, y con razón, considerando el interés que tiene su tejido y el lustroso tono marfileño que con el tiempo adquiere.

Era costumbre hilar los lienzos caseros en rollos de a diez varas, por modo que de cada rollo se sacaba una sábana de matrimonio, o sea de tres paños. El ancho de la tela era de cincuenta centímetros, más o menos, aunque a veces se encuentran lienzos de treinta, destinados a paños de mano (toallas), o, por el contrario, de ciento cincuenta, para sábanas de una sola pieza.

La sábana corriente consistía de tres paños unidos por una bonita randa hecha a la aguja. Las randas tenían nombres muy curiosos: *el piño, el*

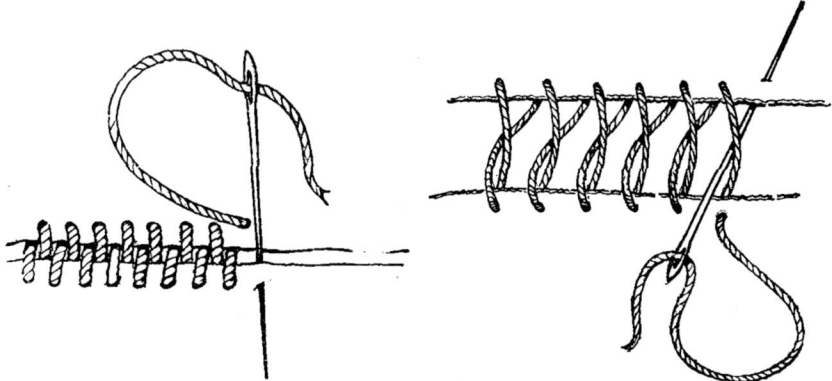

Fig. 1. La llamada *costura antigua* por medio de la cual se pueden unir casi invisiblemente dos orillas.

Fig. 2. Una manera sencilla para juntar dos lienzos de una sábana.

diente de perro, la muela y *la media muela, el corazón, el sin cuenta* y, más curioso de todos, el *ombliguillo de la reina.* Claro que las bordadoras, en su ingenuo desdén hacia la naturaleza, no procuraban imitar la forma de una muela ni del ombliguillo de una reina (suponiendo que un ombligo real sea de forma diferente al común), de modo que no siempre resulta fácil reconocer las varias randas por sus nombres populares; pero, sin embargo, son todas bonitas y aumentan el interés y belleza de la sábana. Más sencillo era el empalme de dos lienzos por medio de la *costura antigua,* es decir, orilla contra orilla, haciendo los puntos alternativamente por arriba y por abajo, resultando un empalme llano y casi invisible (figuras 1 y 2).

Además de hacer sábanas de los rollos de lienzo casero, se usaban éstos en la confección de prendas de vestir, siendo el corte muy sencillo de línea y ensanchándolo, donde el tipo de la prenda lo exigiera, por medio del primitivo y universal expediente del cuchillo o nesga triangular. En cuanto a los tejidos de fantasía o artículos de un tipo especial, como los paños con rayas o cenefas, debían encargarse a un tejedor o tejedora de oficio, que desde su pueblo suministraba a toda una comarca. A ello se dedicaban las mujeres de Valdeverdeja—como veremos luego, al describir el lienzo calado que se llama red de Valdeverdeja—; y hasta hace pocos años, el anciano sacristán de San Salvador, en Sepúlveda. Durante nuestra última

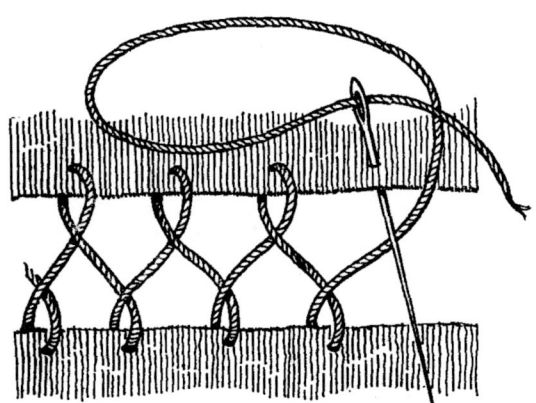

Fig. 3. Una manera de juntar dos orillas.

visita a esta interesante y pintoresca villa cumplió dicho anciano ochenta y cinco años. Le encargamos unas toallas gruesas de baño y unas colchas de tejido de «hueso de melocotón», que el viejo prometió remitirnos en cuanto pudiera recibir el lino que tenía pedido de Francia desde meses atrás; pero fué el primer año de la Gran Guerra, y los linares del Norte de Francia y de Flandes estaban empapados en sangre. El anciano no sobrevivió a la harto prolongada lucha, y como sus hijos se habían dedicado a otros oficios más modernos, aunque no más lucrativos, el antiguo y raquítico telar que el padre usaba permanece hoy ocioso. Tejía Juan para toda la vecindad de Sepúlveda, Cuéllar y Peñafiel, por el lado del Norte, y al Sur hasta Segovia. Tampoco despreciaba encargos para lienzos lisos y gruesos; de vez en cuando, el insigne pintor D. Ignacio Zuloaga, en visita a su igualmente distinguido tío D. Daniel, el ceramista, encargaba al viejo sacristán muchos rollos de cañamazo de hilo puro, destinados a ser por su turno inmortalizados por el pincel del gran maestro.

Por lo que se refiere a tejidos de hilo fantasía, existían antiguamente los corrientes adamascados en rombos y cuadritos, cuerda diagonal, cruzadas, hueso de melocotón, etc. Estas telas se destinaban a colchas y paños; pero en Mallorca solían usarse para manteles y servilletas de un tejido fantasía, tan grueso que resultaba casi doloroso enjugarse con ellas.

Todas las fantasías se hacían en blanco, introduciéndose un poquito de color, a veces; pero solamente en forma de una cenefa sencillísima, consistente en una lista o en un grupo de ellas.

Además de la tela de hilo puro, hacíanse mezclas de hilo y lana, llamadas pañolino. Su urdimbre de hilo y trama de lana eran de igual finura, pero su textura no resultó precisamente flexible. El pañolino utilizábase ordinariamente para colchas. También se le tejía en una calidad más gruesa, a rayas negras, verdes o rojas, para mandiles y alforjas.

Se tejían en gran número y guardaban en arcas (perfumándolos con un membrillo) rollos de hilo y de pañolino, destinados a la canastilla de las hijas de la casa, cuya dote consistía principalmente en

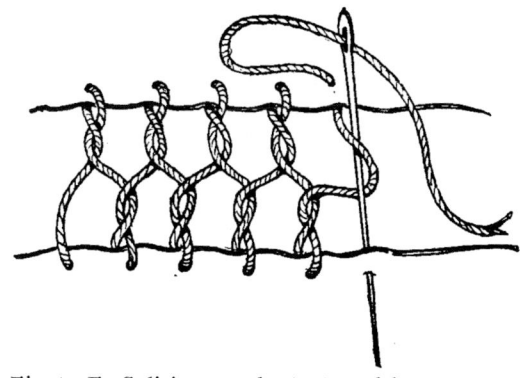

Fig. 4. En Galicia se ven bastantes colchas y sábanas cuyos lienzos están así juntados con un hilo azul.

«ropa». El día de la boda se adornaban las puertas y ventanas con las prendas ya confeccionadas, como cortinas, delanteras y toallas, y en cuanto a la cama matrimonial, ésta era un montoncito de sábanas y colchas bordadas, tapizándose la pared adyacente con mallas y encajes. Al cabo de una semana quedaba todo recogido nuevamente en las arcas, y lo que no se gastaba durante la vida de la madre se repartía luego entre las hijas, las que seguían mientras acumulando otro lote.

España es uno de los pocos lugares donde ahora se puede encontrar este lienzo casero antiguo. En los desgraciados países que han tomado parte en la Gran Guerra Europea se le ha utilizado todo para vendajes en los hospitales; pero aquí en España las mujeres han sido más afortunadas, habiendo podido conservar su ropa y sus hijos.

Como es natural, tratándose de un país donde la civilización asiática se mantuvo durante unos ocho siglos y donde la clase artesana siguió practi-

9

cando las tradiciones moriscas aun después del triunfo de los cristianos, en los tejidos y bordados populares españoles se encuentra una marcada influencia oriental. Dentro del grupo de los tejidos lisos, es decir, de igual urdimbre y trama, y sin variar nunca el movimiento de la lanzadera, se puede identificar como herencia morisca la «tela de lengua», blanca y azul, típica de la isla de Mallorca. Ya tejida en los remotos días cuando fué reino moro dicha isla, su permanencia entre las tejedoras mallorquinas es algo raro, considerando que la isla, por oposición al centro de la Península, se ha visto siempre sometida a influencias francesas e italianas.

La urdimbre blanca de la referida tela se teñía en rayas cortas y desiguales por el sencillo sistema de agarrar la madeja por el medio y sumergir los dos extremos en el tinte ultramarino. La trama es enteramente azul. De ello resulta forzosamente que el dibujo salga como chapoteado en azul, y de ahí las llamadas lenguas, corriendo éstas en sentido vertical.

Como ejemplar muy raro de «tela de lengua» poseo un trozo antiguo con urdimbre toda amarilla y trama chapoteada en azul, resultando horizontales las lenguas. Sin embargo, ésta o cualquiera otra combinación, fuera de la del fondo blanco y lenguas verticales azules, es muy poco frecuente.

Sin duda fué muy grande la cantidad de esta «tela de lengua» fabricada en otros tiempos en la isla de Mallorca. Con ella se forraban las camas salomónicas, típicas de allí, y se hacían cortinas, almohadones, colchones, forros de sillones y sofás. El mismo dibujo se tejía también en seda, sobre todo en Sóller (el bonito puerto donde nació el gran misionero Fray Junípero Serra, el que marchó valerosamente al Nuevo Mundo para fundar las misiones de la lejana California). Sóller era, más aún que puerto de mar, famoso centro de la industria sedera; y aun cuando allí se dedicaban más especialmente a la confección de sedas de rayas floreadas del siglo XVIII, seguíase produciendo al mismo tiempo las de lenguas, motivo que igualmente se repetía en las notables alfombras de la isla.

En el Museo Rodin, de París, se ve en una miniatura persa todo el interior de una habitación forrada de tela de lengua, en blanco y azul, exactamente igual a la típica industria mallorquina. Es muy probable que huellas de dicho estilo existan, no solamente en la Persia, sino también por toda el Asia Menor.

10

II

Queda dicho que existía gran variedad de tejidos distintos del liso, entre ellos dos que merecen mención especial, no sólo por su interesante técnica, sino por la diversidad de dibujos que representan. Llámanse estos dos «red de telar» (o de Valdeverdeja) y «tela de confite». Parece que se empleaba el primero casi exclusivamente para delanteras, y que venía tejido al largo preciso; el segundo, para colchas. Ambas clases se conocían antiguamente en Italia, pero con la diferencia de que allí la red o los confites, según fuera, formaban a modo de rayas o cenefas en un lienzo liso, en vez de cubrir todo el tejido; también en Italia se introducía color en dichas rayas, mientras que en España, lo mismo los confites que la red quedaban en blanco, a excepción de unas pocas piezas gallegas de confite, que he visto en azul sobre blanco.

Su técnica, de origen oriental sin duda, fué introducida en España, como en Sicilia, por los árabes, al mismo tiempo que las fantasías llamadas adamascadas. Conocido es que el arte musulmán se caracterizaba por combinaciones de líneas y de pequeños motivos esparcidos sobre una extensa superficie; gracias a ellos era posible lograr efectos muy decorativos al tejer, sin recurrir a un dibujo determinado; pero en el caso de la red de telar y el confite, aun siendo de un tejido decorativo en sí mismo, se ejecutaban diseños muy ambiciosos.

En los antiguos pueblos del Asia Menor y del Egipto, conquistados por los árabes (harto bárbaros éstos en el momento de lograr sus triunfos militares), la industria textil había alcanzado una fama y una extensión enormes, a tal punto, que la cantidad de telas enumeradas en los textos antiguos nos parece casi fabulosa. Como es natural, las mencionadas por los escritores son las más recias, como sedas, terciopelos y alfombras; pero es lógico inferir que la habilidad de los tejedores de sedas debió reflejarse también en las telas menos costosas y menos duraderas, utilizadas por las clases medias y bajas. Los árabes, empero, pronto se aficionaron al lujo del vestir, empleando tejedores persas y egipcios, y una vez dueños de la Sicilia, Marruecos y España, establecieron en ellos la industria textil, que a su turno cobró fama por toda la Europa occidental. Algunos dibujos que figuraban en aquellas primeras sedas hispanomoriscas solían repetirse en los lienzos de hilo; así, por ejemplo, el de la seda del Museo de Vich, que representa el Ercolés o Isdubar, estrangulando con cada brazo a un león, motivo que se ve en un pequeño marfil egipcio de sesenta siglos atrás, y en otro más reciente de la acrópolis de Susa. Estas sedas fueron traídas como botín por el obispo guerrero de Vich, D. Bernardo Calvo, que asistió con sus tropas a la conquista de Valencia por D. Jaime; y el antiguo motivo del Isdubar de los persas que él encontró en las sedas valencianas se encuentra todavía, algo degenerado de forma, en las colchas españolas de confite.

El gran número de dibujos propios de la red de telar y el confite puede ser separado en dos grupos—el musulmán y el cristiano—. En el primer grupo, además del referido tema del hombre y los leones, se incluyen: el árbol de la vida, de los persas (símbolo de la eternidad), la fuente con un pájaro a cada lado, o el mismo motivo con bichos en vez de palomas, etc. Fiel a la tradición oriental, reina una simetría perfecta en el orden de los dibujos, observándose al propio tiempo un candoroso desdén en cuanto a la escala relativa de los varios elementos. De ahí que en las labores campesinas veamos ciervos menudos al pie de un pavo real, o cazadores más pequeños que las liebres que cazan. Parece extraño que en este mismo grupo derivado del arte persa se halle incluída la familiar águila bicéfala de los Hapsburgo; pero, en verdad, el motivo es de gran antigüedad y fué adoptado por varios países antes de entrar la dinastía austriaca en la historia de Europa.

Teniendo en cuenta la larga estancia de los moros en España se explica fácilmente la tenacidad con que los copañoles siguieron explotando estos motivos cuando los demás países que los conocían ya los habían dejado de aplicar. El caso es que su estilización muy pronunciada se prestó fácilmente a la técnica del telar sin requerir ningún esfuerzo de imaginación por parte de gentes sencillas, poco acostumbradas a estudiar detenidamente la Naturaleza; además, la repartición de un mismo motivo menudo por toda la extensión de la tela no exigía gran desarrollo de la inteligencia.

Cuando los tejedores llegaron a añadir a su repertorio lo que podríamos clasificar de motivos cristianos, o sea los del segundo grupo con figura humana, la costumbre de estilizar, muy arraigada ya, dió por resultado un arcaísmo encantador en perfecta conformidad con la técnica del telar.

Dentro de este segundo grupo se hallan los símbolos religiosos, tales como el cáliz, el *Agnus Dei*, el monograma sagrado, colocados bien sueltos o en rayas horizontales; y en las colchas formando una cenefa alrededor de un motivo central, como la Crucifixión y los objetos de la Pasión de Nuestro Señor.

En las colchas de confite se introducían también letreros, el nombre del dueño y la fecha, por ejemplo; y, caso de ser la tejedora rústica y analfabeta, la defectuosa ortografía de la inscripción resulta completamente en carácter con el dibujo y la ejecución.

La técnica de confite puede describirse como una serie de presillas tan pequeñas y duras que parecen más bien nudos. En la clase más corriente éstos se producen por el siguiente procedimiento: cada quinta o sexta trama es de un hilo muy gordo y torcido, que se saca a intervalos en una presilla, con la particularidad de torcerlo una vez más antes de seguir con la lanzadera. Así es que los confitillos parecen más bien nudillos muy duros.

Era también costumbre el hacerlos de un grupo de hilos finos sueltos (sin torcer), resultando la presilla vellosa en lugar de áspera; y a veces se la hacía muy larga, con la intención de cortarla después en mecha. Siendo esta mecha parte integral del tejido, la colcha de mechas española es distinta a la inglesa llamada *candle-wick* (mecha de vela), en la cual están añadidas postizas dichas *wicks*.

Varían mucho los confitillos, grandes y bastante distanciados, los unos; medianos o pequeños y muy próximos unos a otros, los demás. Con éstos se han tejido los dibujos más complicados. También existen grupos de cinco o seis confites igualmente distribuídos, los que, si están tejidos en azul, como se hacía en Galicia, dan la impresión de florecitas.

En la trama gruesa antes descrita se dejaba descansar la lanzadera en la orilla hasta pasadas las cinco tramas finas, y entonces se la volvía a emplear; así se formaba a la orilla una presilla que resultaba muy útil en el momento de unir los tres lienzos de una colcha, recogiéndolas una contra otra por medio de la aguja, del gancho o de una cintita azul o rosa. Unidos los tres paños, se remataba la colcha con un fleco de hilo, añadiendo en las esquinas una gruesa borla, o con un volante fruncido a ondas (fig. 5). Caso de dejar la tejedora un trozo liso a los extremos de cada lienzo antes de empezar los confites, aquél se adornaba con unas labores de deshilado. El peso medio de una colcha solía ser de unos diez kilos; y si parece mucho éste, ha de tenerse en cuenta que las colchas de confite se usaban más para colgaduras que para dormir. Las que representan la Pasión se colgaban, y todavía se cuelgan, en los balcones al pasar las procesiones de

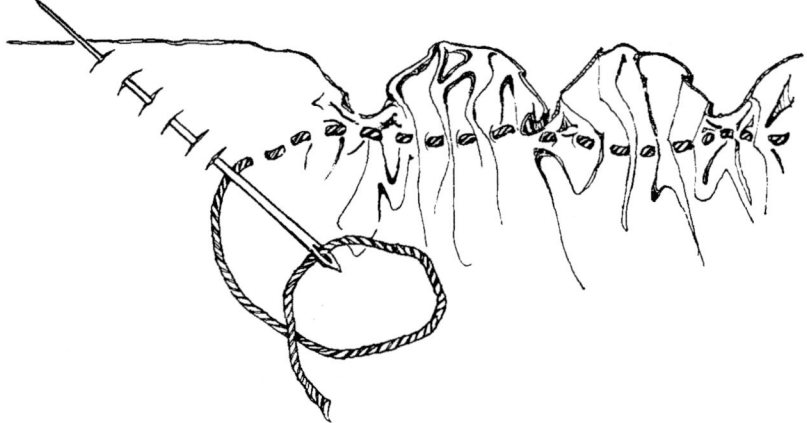

Fig. 5. Manera de fruncir un volante a ondas.

la Semana Santa, y probablemente no tuvieron jamás otra finalidad. Por eso se encuentran hoy en día en excelente estado de conservación. En cambio, las colchas antiguas más ligeras, de gancho o de punto o de un lienzo liso bordado, suelen llegar a nuestras manos harto gastadas.

Por lo general, la tela de confite es blanca, fuera de las florecitas azules que se encuentran en Galicia, y eso rara vez. En Cataluña y Mallorca, sin embargo, se tejía un confite multicolor, no destinado a colchas, sino a prendas pequeñas, como delanteras, delantales y faldas, o mejor dicho, a cenefas de faldas aldeanas. Los confitillos se hacían menudos y agrupados en diseños de cuadritos o de «diente de perro», formando éstos bandas horizontales. En una misma cenefa pueden verse los colores azul oscuro y claro, miel, canela, verde y amarillo, siendo el fondo, es decir, la tela de la falda, blanca o castaña. Son tan antiguas las pocas piezas de este multicolor que he visto, que, lógicamente pensando, debió dejarse de confeccionar hace unos ochenta o más años.

14

El tejido calado que se llama red de telar o de Valdeverdeja parece haber sido una especialidad del pueblo de este nombre en la provincia de Toledo. Se hacía exclusivamente en blanco, siendo su técnica bastante curiosa. No avanza la lanzadera nunca muy lejos en su camino, y llegado al punto donde por exigirlo el diseño ocurre un calado, vuélvese atrás, abriendo un hueco entre las urdimbres; repítese este movimiento una corta distancia, y cuando quiere seguir por un trecho más largo, salva el hueco en sentido diagonal hasta la misma fila donde empezó. De este modo se logran los vacíos que hacen el papel de calados en el dibujo (fig. 6).

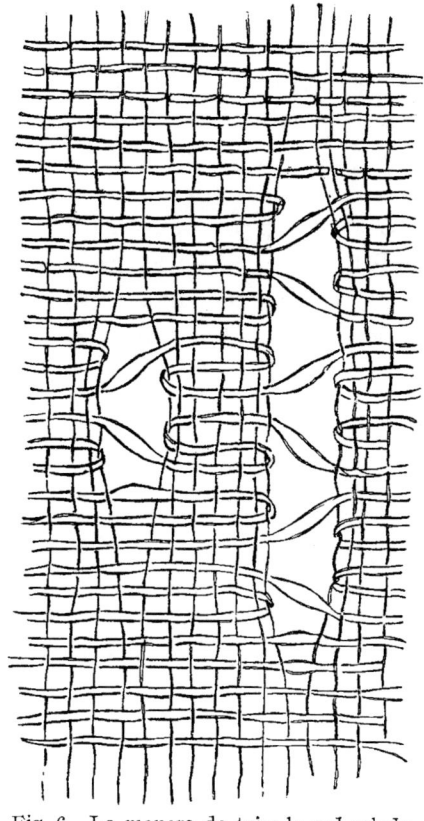

Existen dos clases de red de telar: la de trama y urdimbre de igual espesor, y la de urdimbre fina con trama gorda y retorcida, la que produce el efecto de una tela de cordoncillos calada, consiguiéndose a veces este efecto, no por una urdimbre retorcida, sino por medio de dos hilos juntos, los cuales, al pasar al través del hueco, se separan un poquito. La red así tejida se asemeja a un encaje.

Algo parecido a esto se tejía en Italia; pero lo he visto solamente en forma de cenefa calada de una toalla, por ejemplo, mientras que en España se la tejía en tiras de cuatro

Fig. 6. La manera de tejer la red calada de Valdeverdeja.

metros de largo y del ancho del lienzo liso utilizado para sábanas. Estas tiras se destinaban casi todas a delanteras, y algunas a paños de altar, porque hay que tener presente que una parte considerable de las labores aldeanas se hacía con la piadosa intención de ofrecerlas a la Iglesia.

El largo de cualquiera de estos artículos permitía dibujos tales como una larga fila de ciervos con grandes cuernos rectilíneos, o una procesión de pavos reales con alas y rabos de parecida estilización, o el Cordero Pascual con el estandarte de Constantino. También había otra clase de composición, en la que se dividía la tira en una serie de tableros separados por un árbol o por una pilastra, repitiendo en cada uno la misma escena, tal como el sacrificio de Isaac, o Santiago a caballo, o un halconero. Queda dicho que el mismo motivo se repetía en cada cuadro; pero observando siempre la tradición de la simetría, de modo que, si Abraham levanta en un cuadro el brazo derecho para el acto del infanticidio, en el próximo levanta el izquierdo. También se utilizaban en la red de telar los dibujos geométricos y las guirnaldas italianas que se encuentran con frecuencia en la red antigua o malla.

Solíase coser alrededor de una delantera de red un hermoso fleco de hilo blanco o blanco y azul, en trechos alternativos, y a veces un volante de tela fina fruncida en festón. Cada delantera se hacía en el telar de un largo predeterminado, dejándose al empezar y al rematar unos cuatro dedos de tejido liso, con el motivo de reforzarla.

En Mallorca, donde más que en cualquier otro lugar era costumbre usar colores para el lienzo casero, se hacía un tejido fantasía de cordoncillos de muchos tonos, que se usaba casi exclusivamente para delantales. No para el delantal de uso diario, sino para el que se vestía solamente los días de la matanza. Dondequiera se iba a matar, el ama invitaba a las muchachas vecinas para ayudar a hacer los embutidos (¡famosos embutidos de Mallorca!), y regalaba a cada una de ellas un delantal de los tejidos en casa. La muchacha se lo seguía poniendo unos tres o cuatro días más, todo sangriento, tal y como estaba, para que reconocieran sus amigas que había asistido a la matanza.

El delantal se tejía como tal, es decir, del largo exacto de la prenda, y en las rayas de cordoncillos horizontales entraban muchos colores, no omitiéndose nunca el encarnado. Se hacían los cordoncillos sueltos, en parejas o en grupos de seis o más; y a veces la cuerda se formaba con otras dos muy retorcidas, una blanca y la otra encarnada, azul o verde. En este caso se las dejaban sueltas en las orillas, porque una vez destorcidas pudieran formar un bonito fleco a los dos lados del delantal. El fondo de esta clase de tela solía ser blanco, azul o canela.

Los ricos embutidos de Mallorca aún se hacen en las casas particulares; pero los bonitos delantales, no. Estamos en otros tiempos, y las invitadas de hoy se ponen un delantal de vichí, tela manufacturada en grandes cantidades en las fábricas de Cataluña.

III

Además de la mencionada mezcla de hilo y lana llamada pañolino, hacíanse fantasías en colores vivos, que la gente rural gastaba mucho para
colchas, alforjas, etc. No nos referimos a telas cuya urdimbre quedaba
tapada por una decorativa trama gruesa de lana, sino a un tejido cuya urdimbre de hilo quedaba bastante visible y tomaba parte en el efecto decorativo. En su confección seguíanse varios sistemas, siendo más corriente
el del confite y el de formar diseños por el procedimiento de pasar una parte
de las tramas de lana por encima de unas cuantas urdimbres, dejándose
ver relativamente poco de ésta en comparación con el hilo.

Buscando el origen de estas mezclas volvemos, sobre todo en el caso
de la parecida al confite de hilo, a los moros. Tejían éstos una gruesa
colcha de lana floja que se llama hoy en día *Alpujarra*, nombre de la región al Sur de Granada, donde se las encontraba en mayor cantidad que
en otras regiones cuando empezaba la afición a coleccionarlas. Parece que
en Castilla las tejedoras habían reducido la densidad de la lana, prefiriendo que la trama de ésta, a veces de borra de seda, se viera sólo en forma
de un leve dibujo contra un fondo de hilo poco blanqueado. Resulta así
la colcha mucho más ligera y capaz de más aplicaciones. La hemos visto
sobre un balcón a guisa de toldo, o tendida sobre una tartana para proteger
a los ocupantes al pasar por las desnudas carreteras de Castilla. Alrededor
de ciertos antiguos pueblos, como Avila, Arenas de San Pedro o Zamora,
se encuentran con frecuencia tartanas así forradas. Los coleccionistas modernos gustan de emplear lo mismo las ligeras que las gruesas como alfombras.

En la verdadera colcha *Alpujarra*, o sea la de lana espesa, se encuentra
mucho encarnado; en las ligeras, poco, siendo los colores preferidos el
negro, azul, canela y miel, sueltos o formando combinaciones, por regla

general, bastante sombrías. Su confección consiste en tres paños tejidos aparte para ser unidos después. Se encuentran bastantes ejemplares con nombres o fechas tejidos, y siempre la ortografía de las inscripciones es algo deficiente; así, la V, para el pueblerino español, ha sido y será siempre B; por ello leemos: «Seberiano Billa y Bicenta Santos, becinos de Nabas de la Concepción»; o un nombre acompañado de un «¡Biba Jesús!» o «¡Biba mi dueño!»

Para este género de tejido cada pueblo solía, por lo visto, teñir su propia lana. Hace próximamente ocho años vi a las mujeres de la provincia de Burgos tiñendo lana, un puñado cada vez, y colocando las madejas en festones frente a la casa para que se secasen. En el valle de Ansó (Aragón) las mujeres se lamentaban de la muerte de cierto tintorero de Jaca, a quien hacía veinte años tenían por costumbre el enviar lana casera para ser teñida en verde, único tono que en dicha región se utiliza para los trajes femeninos. Desde entonces, ningún tintorero ha logrado hallar la coloración exacta que exigían las vecinas de dicho valle. En torno a Cuéllar (Castilla la Vieja), donde gozan de gran predilección las colchas blancas y negras, se nos dijo que en los contratos antiguos con los tejedores se estipulaba que la lana no estuviese teñida, sino recogida de un carnero negro, color natural que combinaba admirablemente con el marfileño del hilo casero que servía de fondo a la colcha. En esta misma región de Segovia hacíanse prendas, como colchas en miniatura, que servían para cunas, o quizás para almohadones.

Mallorca poseía un tipo especial de colcha de hilo y lana. El fondo, es decir, el hilo, era de tono caoba, naranja o azafrán (siendo el azafrán planta muy apreciada en toda España, no sólo para teñir lienzos, sino también para añadir lustre y color al plato nacional—el cocido—). Sobre el fondo brillante tejíanse grupos sueltos de hebras de lana que se soltaban y recogían, según exigía el dibujo, en el cual siempre aparece un poquito de blanco. Además de las colchas, hemos visto faldas mallorquinas de este género de tejido, tan pesadas, que maravilla el que las aldeanas pudieran andar y, más aún, bailar con ellas. Las colchas resultan tan apreciadas para usarlas a modo de tapices por la colonia invernal que ha invadido la isla en estos últimos años, que ya quedan pocos ejemplares.

En varios lugares de Castilla se encuentran alfombras viejas tejidas, no de hilo, sino de tiras de lienzo de hilo o de lana, y en diseños muy interesantes—cuadros, zigzag, escocés, etc.—La «rag carpet» de cuadros blancos y azules de la Mancha era tan linda, que apena el tener que hablar de ella en sentido pretérito, pues los tapices de tela que hoy se tejen demuestran poco arte—unas rayas horizontales, nada más.

Otra interesante combinación de hilo y lana consiste en un fondo liso del primero, en el que se tejen flores de lana en colores brillantes, imitando las naturales. La lana se pasa por debajo de la tela de un motivo a otro cuando precisa, como en la rica seda «broché» de los siglos XVII y XVIII. Este género sustituye en forma económica a la seda, pero no es de suponer fuera elaborado en pueblos remotos, sino en los cercanos a las grandes fábricas de sedería, en las que con más facilidad técnica podían seguirse los diseños. Dicho material se utilizaba para ornamentos de Iglesia que el sacerdote se ponía para decir misa en lugares distantes, a los que no convenía llevar los ornamentos más costosos.

IV

Dejando a un lado nuestras leves observaciones sobre las varias telas de hilo, y pasando a la cuestión de adornar las mismas, vemos que España, fiel a la tradición morisca, fué hasta hace muy poco un país singularmente aficionado a flecos y borlas. Desgraciadamente, el vendedor ambulante de hoy, que viaja por las comarcas rurales, proporciona a las mujeres toda clase de guarniciones baratas hechas a máquina, de modo que los flecos, borlas y encajes confeccionados a mano son raros, haciéndose más para equipo de bueyes y mulas que para prendas de vestir. Antes no era así, y debieron ser incontables los miles y miles de metros de hilo que se hilaban con infinita paciencia para convertir en adornos de ropas de casa y personales.

De este hilo se usaba mucho en hacer encaje, del que no tratamos aquí por merecer tal industria un libro aparte; pero quizás igual cantidad se consumiera en borlas y flecos. No se consideraba bien acabada una colcha o un tapete que no tuviera una borla gruesa en cada esquina, o una pequeña en cada festón del encaje que la rodeaba; también solían esparcerse borlas en el fleco y coserlas en una banda entre dos deshilados. Destinábanse otros tantos miles de metros de hilo en hacer trenzas de tres o cuatro ramas, todas blancas o de distintos colores, que se cosían alrededor de los cuellos y puños de camisa; y a veces se aplicaban en diseños perfilados, en lugar de bordado, a los tapetes y delanteras.

De la manera de hacer borlas no es necesario hablar, por tratarse de una labor harto sencilla; el fleco, en cambio, es algo más complicado. El típico fleco antiguo era de dos colores alternados, ya en lana, en seda o en hilo. Todavía se hace bastante fleco de lana blanco alternando con azul o encarnado para guarniciones del ganado; pero va perdiéndose cada vez más la costumbre de anudar flecos de hilo para uso doméstico. En la confección del más corriente se usaban dos peines de madera colocados for-

21

mando ángulo; por el que se hallaba en sentido horizontal se pasaba una hebra floja que formaba las presillas al aire, y para sujetar éstas, otra tensa que se empujaba hacia arriba con el otro peine. Las hebras tensas formaban el pie o base del fleco, y se hacían y hacen de un solo color o de varios alternados. Una vez confeccionado bastante pie para lograr un sostén adecuado, se retira el fleco hecho y se vuelve a empezar. Las presillas pueden cortarse o dejarse enteras.

Sin embargo, este género de flecos, común a todos los países, no es el específico español. El que a tal título tiene derecho es de confección menos sencilla. Lógrase primero utilizando varias hebras a la vez en lugar de una sola, con las que no se hace una presilla en cada diente del peine, sino en cada dos. Terminado el pie, las presillas, que están siempre al aire, se cubren formando haces por medio de un punto de festón. Estos haces se unen y vuelven a apartarse en sentido diagonal, rematándose con festones puntiagudos; por último, en cada cruce, se coloca una borla. En ocasiones, se introduce en ésta un segundo color que le da más tonalidad al adorno, o se la recorta en forma de bolita.

Otra modalidad de fleco es la llamada de *herradura*. A primera vista parece hecha con dos trozos separados, siendo el inferior cosido al otro en forma de herradura; pero en realidad trátase de una sola pieza que se aparta y se une según las necesidades de la obra. Empieza con un trecho liso de pie, entrando en éste bastantes hebras, de las que luego se retira la mitad, haciéndose con ellas dos trechos distintos con sus presillas al aire, para recoger después el inferior, o sea la herradura, y volver a unir los dos pies en otro trecho sin presillas, adornando esta extensión entretejida con una borlita de color distinto.

Confeccionado en la misma forma que el fleco hacíase una especie de entredós, en el que el trozo llamado el pie pasaba por el centro, colocándose a cada lado y alternando las presillas. Cuando son muy cortas las presillas, el entredós se cose a dos lienzos, o, caso de usarlo como orla, se lo adorna más aún con unas borlitas anudadas a la fila exterior de presillas.

En las toallas de hilo solía deshilarse la trama y anudar las hebras de la urdimbre. Caso de desearse que el fleco fuese más espeso, añadíanse más hebras y se seguía anudando. Esta clase de fleco parece, por su técnica, al que llamaban los árabes el *macramé*. El verdadero macramé de cordón grueso se confecciona todavía en grandes cantidades para guarniciones del ganado.

V

Tratando de adornos postizos, merece mención, por ser de los más antiguos y sencillos, el que llamamos de *aplicado*, y el cual se obtiene cosiendo una tela recortada en formas ornamentales sobre otra tela lisa. Este estilo se practicaba en toda el Asia Menor y en Egipto en tiempos antiguos. En el modesto género de labor que aquí tratamos, los materiales aplicados al lienzo casero son paño grueso rojo, amarillo o verde, tan del agrado de las aldeanas para sus faldas; o los percales estampados que estaban en boga en el siglo XVIII. Ambas modalidades se ven hoy en día en las tiendas de campaña del Desierto de Sahara. En cuanto a los géneros más ricos, como el terciopelo o la seda, pocas eran las muchachas que disponían de dinero suficiente para comprárselos y cortarlos en diseños para esta clase de labores. Caso de poderlos adquirir, preferían un tafetán negro o, con menos frecuencia, un bonito tono salmón. Por regla general dos tonos no entraban en una misma prenda, y nunca se remataba el recorte con trenza o galón, recurriendo al más económico, si bien más laborioso, sistema de remeter los bordes, aun en el caso de ramos delgadísimos, cosiéndolos casi invisiblemente, pasando al revés en puntos muy finos que por sí formaban un lindo perfil. El contraste entre los dos tejidos, la seda suave y el lienzo burdo, resultaba tan chocante como el de los dos colores.

Cuando por manos del vendedor ambulante las aldeanas empezaron a recibir cintas de seda, éstas se aplicaron bien en figuras perfiladas, bien como cenefas serpentinas; también se imitaba la cinta cortando una pieza de seda en tiritas estrechas. En este caso, en vez de remeter los bordes, éstos se deshilaban, lográndose el efecto de un flequillo. Con la introducción de cintitas estrechas disfrutábase de cantidad mayor de colorines, pero ninguna de esas aplicaciones perfiladas de cinta podía igualar en vistosidad a las atrevidas siluetas de seda negra o rosa.

23

Es de notar que todos los bichos que figuran en recortados lo mismo que en bordados, tienen un collar o línea alrededor del cuello. Esta peculiaridad, que también se encuentra en las labores musulmanas, se debe a una leyenda remota en la que se cuenta que al indicar a cierto miniaturista árabe que la gran perfección con que delineaba los bichos y pájaros pudiera ofender a Dios, que había prohibido al hombre que representara cosa alguna viviente, el pintor trazó al través del cuello de todas sus interpretaciones animales una línea blanca, exclamando: «¡Ya, con la cabeza separada del cuerpo, no viven!»

En los distintos modelos de tapetes con aplicaciones de tafetán negro se notará que se ha recurrido a un leve bordado para hacer las líneas más finas del diseño, tales como las garras y los picos de las aves; todo lo demás del motivo se remete en la forma ya dicha. Del efecto de los aplicados en una pieza grande no puede juzgarse plenamente por una fotografía; pero hay prendas de gran belleza, tales como la colcha que aquí se publica, formada por cuatro paños estrechos, cada uno con su cenefa de seda de un tono entre carmesí y salmón, siguiendo un bonito dibujo; el fondo es de un tejido muy interesante, ya casi amarillo de vejez, y del mismo tono es el encaje de hilo que lo remata. Nada de introducir otro color ni otro diseño; la aldeana que lo hizo supo limitarse a la más exquisita sencillez.

Las aplicaciones en percal floreado eran iguales a las de seda, tanto en el dibujo como en la manera de coserlas. Otro sistema seguíase con el paño recortado. Siendo demasiado grueso éste para poderlo remeter y no pudiéndose, además, deshilachar, hacíase un pespunte visible cerca del borde con color contrastante, sirviendo esta línea de factor decorativo. Estos recortes de paño para adornar colchas de pañolino seguían diseños muy pretenciosos: grandes motivos florales calados como encaje, cuyas numerosas curvas sujetas por pespuntes requerían miles y miles de puntadas. A veces se colocaba un segundo y más pequeño recorte de paño de otro color, sobrepuesto al primero, y aun un tercero, tal y como se hacía en las antiguas labores marroquíes.

En las colchas así decoradas se nota la peculiaridad de que la cenefa picada está aplicada al revés por un lado y un extremo, y lo mismo el gran motivo de la esquina. Esta distribución se explica por la costumbre de colocar la cama en un rincón; no queriendo la bordadora que la mitad de su trabajo quede escondida contra la pared, cuídase de bordar la parte de

24

abajo, con intención de volverla hacia arriba como si fuera un embozo. El otro lado y el pie de la colcha caen, como es natural, encima de la delantera. Un fleco de hilo o de estambre en blanco, alternando con el color de la aplicación, remata la prenda.

El paño grueso recortado servía también para adornar faldas y capas aldeanas; pero siendo estos artículos de lana y no de hilo, su estudio no entra aquí. Hacer y describir una colección de ellos sería una tarea simpática para quien tuviera tiempo, voluntad y desinterés suficientes.

Mucho menos frecuente que las clases de aplicaciones ya descritas es la de tela de hilo fino sobrepuesta a otra aún más fina, con el mínimo de margen remetido y cosido casi invisiblemente; pero como lienzo tan delicado apenas lo realizaban manos rústicas, esta labor se halla fuera de nuestro actual estudio.

VI

Indudablemente, la mujer española tiene el don de hacer bordados. Su obra en este terreno se acerca a lo genial; y aunque la máquina de coser es empleada por numerosas aldeanas, éstas no han adquirido con ella el aparato para bordar, prefiriendo aún, afortunadamente, emplear sus ocios en hacer a mano la costura decorativa.

Hay que reconocer que aquí, como en otros países, durante el siglo XIX, el arte de bordar pasó por un lamentable período de realismo. Se bordaban

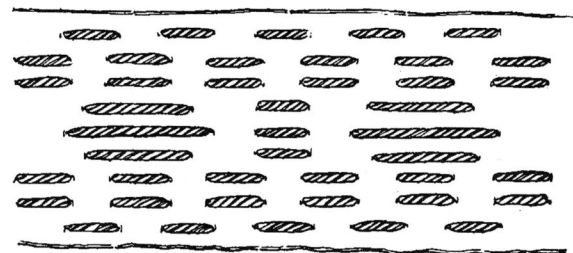

Fig. 7. Dibujo sencillo al pasado, sacado de un dechado antiguo.

bichos en felpilla, hinchándolos absurdamente con lana o borra; se imitaban flores en todos los tonos (y aun más) de la Naturaleza; se hacían asuntos religiosos cogiendo un grabado y vistiendo a las figuras con trajes de seda o de felpilla. Felizmente, esta manera moderna de pintar con la aguja se aprendía solamente en las ciudades, quedándose casi sin contagiar de tan absurdo gusto las mujeres rurales, que seguían elaborando el típico y tradicional bordado español.

Hasta hace muy poco las chicas hacían sus dechados o muestrarios, especie de compendio de todo el arte de coser. Años atrás no figuraba en ellos ninguna letra; pero a medida que el analfabetismo fué disminuyendo

27

comenzáronse a introducir en ellos letras y lemas, llamándose a esta nueva clase de muestrarios un *abecedario*. Estos son raros en comparación con el verdadero y primitivo dechado—de puntos, cenefas y motivos sueltos. En antiguos inventarios de los guardarropas de damas aristócratas de los siglos XVI y XVII, se encuentra frecuente mención de tales dechados. Nada menos que cincuenta de ellos figuran en la lista de Doña Juana la Loca, algunos de puntos solos, otros de *desfylado*. Como en aquellos días no había libros de modelos o diseños, el dechado actuaba en la doble capacidad de enseñanza práctica y de libro de referencia, ya que ni siquiera

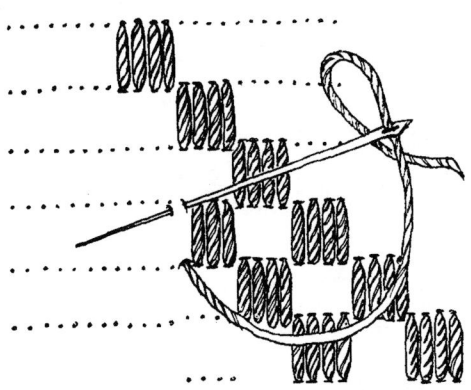

Fig. 8. Cuadritos en filas diagonales.

en años más recientes circulaban en España, que yo sepa, libros de dibujos tales como existían en Inglaterra y Francia en los siglos XVIII y XIX.

En los muestrarios españoles las puntadas no difieren mucho de las corrientes en otros países—al pasado, punto atrás, de cruz, de cadena, de pluma, de doble pluma, de zurzir, nudos, presillas, etc.—ya conocidas casi todas en el antiguo Egipto. Pero aun siéndoles familiares a las españolas todas ellas, los muestrarios demuestran, por parte de la bordadora, mayor interés por los dibujos que por las puntadas. La escasa variedad de éstas se explica por la muy limitada selección de telas que tenía a su alcance la humilde bordadora, la que conocía pocos tejidos fuera de su propio lienzo casero, cuya urdimbre y trama imponían el procedimiento de hilos contados; es decir, se lograba un dibujo contando los hilos que cogiera la aguja. Por esta razón, el punto al pasado y el de cruz resultaban más adecuados que cualquier otro. Tampoco poseían las niñas gran variedad de hilos con que ejecutar sus labores iniciales; por regla común contentábanse con sus hebras caseras de hilo y de lana, disponían de poca seda y aun de menos algodón. Las hebras hechas en casa eran más bien gruesas que finas. En cuanto a las de hilo, predominaban dos tonos pardos—los llamados canela y miel, y dos tonos azules—claro y marino. Más recientes de época son los dechados cosidos en seda de colores vivos.

Queda dicho que la puntada más usada era el punto al pasado, con el que se podían lograr varios efectos distintos por el sencillo medio de delinear cierta superficie, tal como el cuerpo de un bicho en bandas, cuadritos y cheurrones, y de cambiar en cada uno de ellos la dirección de la puntada. Es innecesario indicar cuán oriental es esta tradición decorativa; los gra-

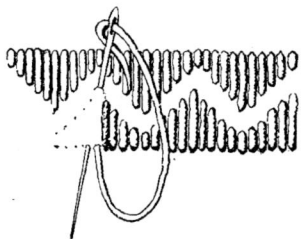

Fig. 9. Dibujo sencillo sacado de un muestrario antiguo.

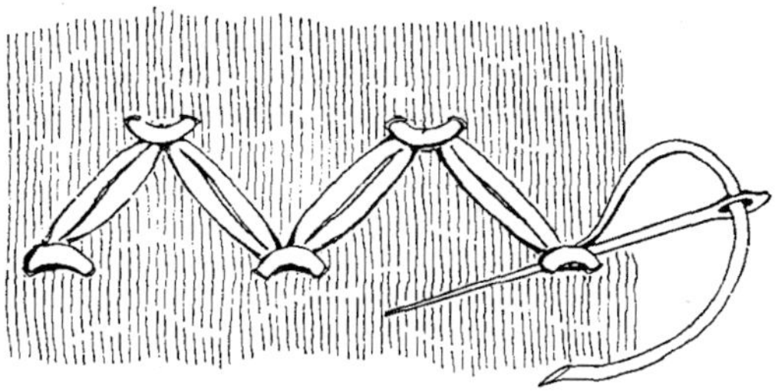

Fig. 10. Puntada serpentina doble, que se ve en
algunos dechados antiguos.

badores de plata y de bronce en la antigua Persia así cincelaban sus esculturas de animales, y ellos la habían adoptado probablemente de otro arte anterior al suyo.

Algunos muestrarios españoles constan únicamente de puntadas de varias clases; en otros, estas puntadas utilizadas para motivos ornamentales; en otros, varios estilos de letras, como el antiguo gótico, el romano, el manuscrito, etc.; y, por último, otros que contienen solamente hileras de deshilados y randas. Como es de suponer, todas las labores enumeradas pueden figurar también en una sola pieza.

Ya hemos dicho que los abecedarios son de fecha relativamente reciente, casi todos posteriores al año 1840. Como ello corresponde a la introducción del cañamazo hecho a máquina, bordábanse a veces abecedarios con bonitas letras y guirnaldas en *petit point*, imitando modelos franceses de la época de los Luises. Se los puede calificar de labores de lujo, ya que no servían de modelo para ninguna prenda bordada popular.

En la confección del antiguo muestrario práctico, es decir, del que servía en lugar de libro de modelos, se empleó el lienzo casero hasta hace unos cincuenta años, más o menos, época en la que empezó a penetrar en los pueblos remotos el referido cañamazo tejido a máquina. Esta tela, con su impecable uniformidad de trama y urdimbre, hacía imposible toda equivocación en la cuenta de las hebras, restando al muestrario mucha de su personalidad y su interés; afortunadamente para el arte popular, eran pocas

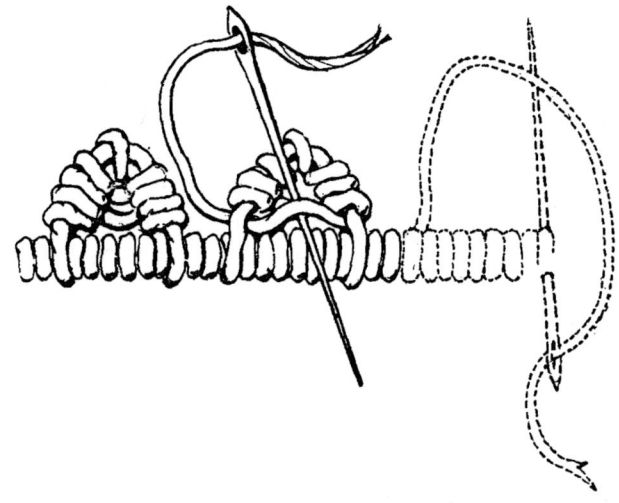

Fig. 11. Remate de picos que se ve hecho con hilo casero alrededor de dechados antiguos, y con lana al cuello y puños de pecheros.

las muchachas que compraban cañamazo, y así es que casi todos los muestrarios adquiridos por los coleccionistas tienen por fondo el antiguo lienzo casero, o una especie de cañamazo casero, conservando en el dibujo y en la técnica la antigua tradición española; y aunque no he podido encontrar ningún muestrario fechado con anterioridad al año 1770, muchos hay que parecen bastante más antiguos, capaces de haber figurado en el inventario de Doña Juana la Loca.

En todos los ejemplares antiguos los mismos motivos fueron copiándose año tras año; la aprendiza de bordadora seguía la línea de menos resistencia, encontrando mucho más fácil el sacar el dibujo y contar los hilos de un

30

viejo muestrario para guiarse que el inventar nuevos dibujos. Gracias a esta tenaz afición a lo antiguo, la nueva moda de flores realistas, reproducidas en todos los tonos de seda torzal conocidos por los tintoreros, no ganó muchas admiradoras. Más efecto tuvo la introducción en el siglo XVIII de objetos importados de las Filipinas y la China—mantones de Manila, arquetas de *laca*, abanicos, etc.—A este comercio con el Oriente se puede atribuir la moda de emplear ciertos motivos, como la pagoda china y el chino con su sombrilla; y al tráfico con el Nuevo Mundo la de bordar un indio, un negro o algunas frutas exóticas. Sin embargo, estos motivos se encuentran más en muestrarios procedentes de Méjico o de Portugal que en los de España. También alguna influencia inglesa o francesa se advierte en la interpretación de casitas con tejado o cabo angular, o de parques con ciervos u otros elementos no propios del paisaje ibérico. Pero todas estas derivaciones son raras; por regla general, el muestrario español siguió fiel a sus dibujos religiosos, como los símbolos de la Pasión; o al grupo oriental, como las cenefas geométricas, las aves cara a cara al lado de una fuente o de una planta, que tuvo su origen en el sagrado *árbol de la vida* de los persas.

VII

Los bordados en blanco sobre blanco no eran muy del gusto de las españolas. Fuera de las colchas, apenas se encuentra este género sino en combinación con deshilados adornando las camisas de boda que hacían las novias para sus novios. Gozaba de más preferencia la combinación de negro sobre blanco; después, la de varios colores, y, por último, la de todo blanco. En la comarca de Salamanca sobresalía el tono negro; en Galicia, el azul; en Extremadura, colores bastante vivos; en la provincia de Toledo, a más del negro se utilizaba el azul y el canela. En conclusión, se puede afirmar que los bordados españoles eran más sobrios que violentos de colorido.

Las colchas de decoración exclusivamente blanca pueden separarse en dos clases: las confeccionadas de una sola capa de tela y las de dos capas con entreforro de lana o de rama de algodón, o sea las acolchadas o *enguatadas*. Los dibujos de la primera clase son generalmente floreados; los de la segunda son floreados o de figuras. El diseño se deriva casi siempre de las colgaduras de algodón estampado que entonces se importaba de la India. La mayoría de las copias españolas se hacían en seda torzal imitando los colores del estampado; pero también se interpretaban en hilo blanco, o en un solo tono como amarillo sobre un fondo blanco.

La mayor parte del dibujo de las colchas de una sola tela está bordada al pasado, siguiendo bandas horizontales o en áreas de cuadritos (figuras 8 y 12); las líneas más delicadas, como el contorno, se bordaban en punto atrás; las curvas, en punto de pluma, y las ramas, en el de tallo. Resulta interesante la forma de rellenar una rama ancha con cuadritos: de un lado a otro de la rama se construye una escalera de puntos horizontales bastante separados; cada dos puntos se unen por medio de grupos cuadrados de puntadas, dejando lisa igual distancia entre cada dos cuadros; la parte en hueco de los horizontales va cogida por la próxima fila de cuadros, continuando así hasta llenar toda la rama.

En otros ejemplares una rama, que parece una trencilla sobrepuesta, es en verdad un procedimiento mucho más trabajoso: empezando el contorno exterior con una puntada hacia abajo, la aguja pasa por detrás al contorno interior, para volver a la primera pasada vertical y unirse con ella por una puntada de ojal; esto se repite, formando como media escalera, la cual sirve de sostén para una serie de cadenas al aire,

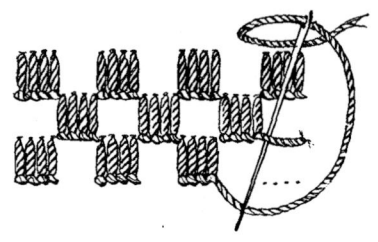

Fig. 12. Una manera de bordar hojas y flores con cuadritos.

hasta llegar al contorno interior, donde la aguja vuelve a entrar en la tela (figura 13). Por este medio se obtiene un relieve considerable sin necesidad de recurrir al conocido sistema de colocar un cordón debajo, cosa que nunca se hacía en los bordados populares.

Hemos dicho que en la clase de cubrecamas acolchadas o enguatadas es donde se encuentran los dibujos más notables. En ellas no se contentaba la bordadora con sujetar las dos capas y la entretela por medio de sen-

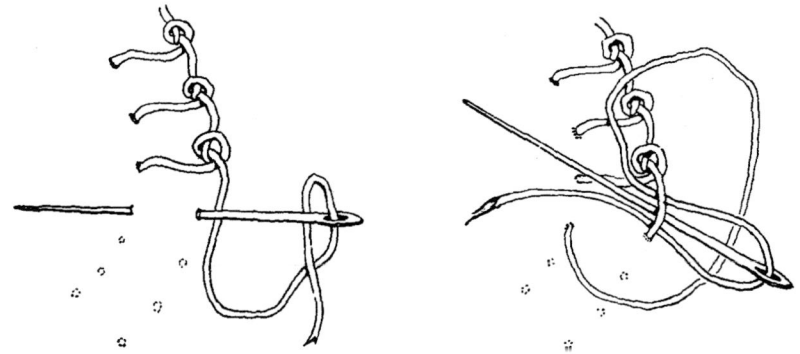

Fig. 13. Cómo se empieza a bordar un ramito con cadeneta al aire.

cillas combinaciones geométricas, sino por medio de verdaderos cuadros cosidos, en los que figuraban muchos personajes—escenas de caza, de fiesta y hasta de historia.—Cosido el diseño por un pespunte blanco, se dividía por el mismo medio toda la superficie en menudos compartimientos, que se empaquetaban uno por uno; así sujeta la lana, o quizás la rama de algodón, cada pequeña división lograba su propio relieve. En la lámina de damas y caballeros, por ejemplo, cada figura, de unos veinte centímetros de altura, tiene alrededor de trescientas pequeñas divisiones, de modo que el trabajo de rellenarlas supone una paciencia inagotable.

Además de la cubrecama de una sola tela, se hacía otra más ligera de dos capas, omitiendo la entretela. Bordando primero en una de ellas un diseño todo en cadeneta, se la unía al forro por medio de muchas bastillas en filas paralelas a los perfiles del dibujo, con que el fondo estaba esmaltado. En contraste a este fondo, el dibujo ejecutado en numerosas filas concéntricas de cadeneta salía claramente diferenciado. Ya hemos dicho que el uso de la cadeneta se debe a la importación de bordados indios y chinos. Además de la técnica oriental de éstos, aprovechábanse ciertos detalles de la composición, tales como el elefante, el tigre, la pagoda, etc.; pero todo lo más importante del motivo se europeizaba, no solamente en cuanto a los tipos y la indumentaria, sino en la mayoría de los accesorios. En el ejemplar de cadeneta del que aquí ilustramos sólo un fragmento, se ven trajes de la época de Felipe IV, el águila de su dinastía y los tipos de barcos corrientes, y, al mismo tiempo, la caza de leones y tigres. Es fácil que este modelo proceda de Portugal, donde era cosa natural el copiar la fauna de la India oriental; pero, en cambio, he visto en

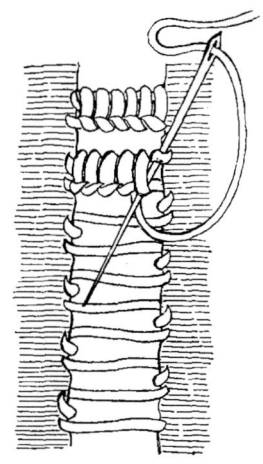

Fig. 14. Una *escalera* a punto de ojal, que se usa lo mismo para juntar orillas que para bordar ramitas.

Granada una colcha de cadeneta muy parecida, adaptación del gusto oriental, netamente español en todo su dibujo.

Sería muy interesante saber quién fué el dibujante de estas obras tan complicadas y de qué medio se sirvió para delinear los cuadros. Solamente en una de mis enguatadas puedo encontrar señal del dibujo: está hecho en tinta imborrable, el cual, después de frecuentes lavados, ha quedado reducido a un tono marrón; y como el pespunte está colocado dentro del perfil así dibujado, este tono marrón aumenta gratamente el efecto general decorativo.

Una colcha antigua, sea con entreforro o compuesta de una sola espesura de tela bordada, hace muy bonito efecto si se la coloca como cortina a contraluz.

VIII

La tendencia más popular en los bordados españoles era la ya mencionada en blanco y negro, la que sigue una tradición antigua árabe, o, con más anterioridad, persa y egipcia.

Cuando la infantil princesa Catalina de Aragón, hija de Doña Isabel la Católica, fué enviada a Inglaterra para contraer matrimonio con el príncipe de Gales, ella y su séquito llevaron gran cantidad de estas labores en blanco y negro; pero, según parece, no hallaron favor entre las señoras de la Corte inglesa, a causa de su aspecto melancólico. Tal opinión vióse confirmada por Francis Bacon en su ensayo acerca de la *Adversidad*.

«Por lo que vemos en las labores de aguja y los bordados, resulta más grato un trabajo animado sobre un fondo triste y solemne, que una obra oscura y melancólica sobre un fondo alegre.»

En el carácter español se advierte una inclinación decidida hacia la melancolía y el culto del dolor; toda la escuela española de pintura lo demuestra; por eso, sin duda, no ha perdido jamás favor entre las bordadoras la costumbre de realizar «motivos oscuros y melancólicos sobre fondos alegres», la que, por haberse generalizado en Salamanca, se conoce con el nombre de salmantina, siendo desde luego considerada esta forma de bordado como la más interesante y bella expresión del arte de la aguja en España.

Utilízanse para trabajar estas labores indistintamente el hilo, la lana negra o la seda, y con más frecuencia que ninguna otra, la lana sin teñir de los carneros negros, finamente hilada y muy torcida. Adórnanse con ellas invariablemente ciertas prendas del traje popular, tales como la gorguera del traje femenino de la provincia de Toledo y las mangas del de la charra de Salamanca. En las primeras aprécianse dibujos geométricos. En las segundas, los viejos motivos persas de parejas de aves, figuras y flores. A veces obsérvase un diminuto corazón rojo o azul, incrustado en el negro de los pájaros, a semejanza de lo que hacían los miniaturistas medievales. En los cuerpos de las aves se advierten procedimientos diversos—bandas de punto al pasado, zigzag, escamas y diamantes—. Esta vieja tradición prevalecía ya en tiempos de los sasanidas (226-641 antes de J. C.), y se encuentra en trozos de plata de dicha época; sin embargo, la manera persa era más sencilla; hallábase más libre de amaneramiento en torno a un solo motivo. Sin duda nació de un procedimiento convencional más remoto para la formación del plumaje, particularmente del que representa las alas y las colas. En los bordados de sedas coloreadas hallaremos este mismo afán de romper la superficie con diferencias de tono, lográndose excelentes resultados.

Los puños de las mangas salmantinas, como las hombreras de las camisas de Lagartera, muestran interesantes rizados hechos, no obstante el espesor del lienzo, en forma muy prieta y sujetos por un freno a punto de diente de perro o por una hilera de diminutas figuras de bichos. Los puños van rematados en ocasiones por encaje de lana negra y se cierran por medio de botones de plata labrados a mano.

Aun cuando los diseños de las mangas varían, son de ordinario de un carácter atinado y rara vez falta en ellos un pájaro, representación de una paloma.

La otra prenda del indumento femenino que se adorna profusamente con bordados negros es, como decíamos, el pechero o gorguera del traje de Lagartera. El diseño a cada lado de la abertura es fuerte y de carácter geométrico, empezando por una serie de adornos en espiral, logrados por medio de unos puntos, que a primera vista parecen trenzados, pero que son, como veremos, más sencillos. Como indica el diagrama, el hilo (de lana negra) va formando una hilera de nudos en los márgenes interior y exterior del espiral y además en la línea central, dándoles un relieve como el que se obtiene aplicando trencilla de *soutache* (fig. 15). Mirando el lienzo al revés, no se ven más que hileras de puntos horizontales espaciados simétricamente; esto implica una gran economía de hilo, pues no se necesita emplearlo en gran cantidad más que al derecho. El escote va rematado con un festón o picadillo en seda o lana. Estos pecheros van acompañados de mangas blancas sencillas.

Existe otro punto para el bordado de estos pecheros más delicado que el de efecto de trencilla. Llámase «sin cuenta», o colchado, y pueden verse ejemplos del mismo en muchos de los muestrarios ilustrados. Se trata de un hilo que en sentido horizontal recorre el área del diseño cogiendo únicamente una hebra de la urdimbre a la vez y a cortos intervalos, siguiendo un dibujo que es siempre de carácter geométrico. El dorso del tejido sale en este caso tan adornado como el frente, pero resultando a la inversa los colores.

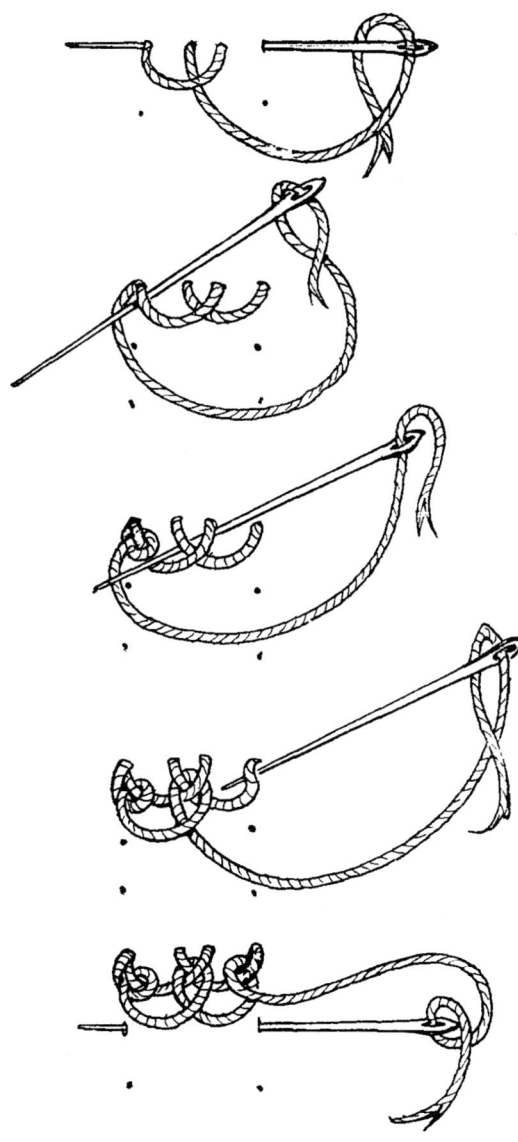

En otros trozos de la prenda lagarterana en cuestión se utilizan puntos rectos y cruzados, y se labra a veces el nombre de su dueña en el diseño.

Ignórase el por qué este pequeño pueblo de Lagartera, situado mucho más cerca de Madrid que las aisladas aldeas salmantinas, tan tenaz se muestra en seguir utilizando sus vestimentas medievales y en realizar labores tradicionales de la aguja; y ello es más de admirar si se tiene en cuenta que la ciudad está a muy corta distancia del ferrocarril y que las mujeres van y vienen con frecuencia a la capital para

Fig. 15. La manera de simular una trenza.

vender los productos de su labor, de modo que no les sería difícil, caso de desearlo, el llevar a sus hijas prendas de indumentaria moderna. Felizmente no ponen en ello el menor empeño y, ya que no a todos es posible el realizar una visita al pueblo de Lagartera para ver en él el traje popular de sus habitantes, bueno es que sigan viniendo a Madrid las lagarteranas, luciendo sus faldas rojas, cortas y rizadas, medias bordadas, pecheros blancos y negros y pañuelos floreados.

El negro utilizábase también para adorno de todo género de colgaduras y paños de mesa. En mi camino he hallado algunos trozos muy viejos, lindamente trabajados y cubiertos de manchas de cera; son de los usados por los ofrenderos el día de los difuntos para colocar en el suelo de la iglesia bajo las velas que cada familia enciende a sus muertos, y las que siguen encendidas hasta extinguirse por sí solas. Estos paños llevan en ocasiones nombres distintos, sin duda, los de los finados.

Los puntos utilizados en tales prendas son sencillos; en cambio, los diseños tienen originalidad: a veces representan un cementerio con sus cruces de hierro negro y el difunto en la capilla ardiente. La Crucifixión y la Virgen suelen ser los motivos preferidos. Como particularidad advertiremos que una tercera parte del paño está bordado al revés y va vuelta hacia abajo, con el objeto de formar un doblez para arrodillarse con más comodidad.

Además de estos paños mortuorios, los hay bordados en negro para las ofrendas de acción de gracias o petición, sobre los que se colocan velas para las oraciones, que el sacerdote pronuncia a cambio de algunos céntimos; o los panes que recoge el acólito y que el clérigo vende, una vez provistas las propias necesidades. Al hablar por primera vez de esta costumbre, pensé en la visita que, hace algunos años, hicimos al señor cura de S. P. de la Nave, el que actuaba de padre de almas para con los vecinos de siete aldeas a cambio de una mísera remuneración de cuatrocientas pesetas anuales, de las que se mantenían él, su hermana y una madre anciana; y no pude menos de desear que en su vieja iglesia siga prevaleciendo la costumbre de hacer ofrendas y sean numerosos los panes que lleguen por este medio a su poder.

IX

Después de la tendencia más popularizada de los bordados en blanco y negro, conviene estudiar lo que se hacía con hilo, lana o seda de color, de los que una gran parte se ejecutaban en combinación con deshilados e ilustran, en consecuencia, esa sección. Entre los trozos guarnecidos únicamente con bordados, la mayoría se ejecutaban con lana, haciéndose los puntos que tal material permitía. Utilizábanse varios tonos: el rojo, el amarillo, el azul marino y, en menor cantidad, el verde pálido, el azul y el salmón, para realizar diseños de flores, bichos y diminutas figuras y, en ocasiones, caracteres geométricos.

Tanto los diseños como los colores de estos bordados recuerdan las labores que se hacen en los países balkánicos, y singularmente en Rumania y Albania, a tal punto, que se puede, sin temor a incurrir en errores, atribuir un mismo origen asiático a los trabajos de este género elaborados en ambos extremos del mar Mediterráneo. Hay en ellos cenefas bordadas que parecen haber sido recogidas íntegras de los bordes de un mantón de Cachemira; espirales, como los que se ven en las tallas de los capiteles sirios y utilizados por los herreros de la época románica; y cruces, estrellas y diamantes como en la carpintería morisca. Empleábase mucho el punto al pasado, igual por ambos lados y el cruzado, ya solo, ya combinado con el anterior.

Forman grupo aparte las toallas y delanteras con cenefas hechas en lana azul de dos tonos, siguiendo el diseño tradicional de bichos y pájaros que se ven en las mangas del traje de Salamanca. Algunas muestran el punto al pasado confinado entre dos perfiles de puntos de caña o de festón. Hay otras cuyos diseños están realizados únicamente con perfiles por medio de los puntos ya mencionados, o en contornos dobles—negro y coral o verde y azul—como se ve frecuentemente en los paños de Iglesia que se colocan bajo los limosneros.

El lienzo bordado en hilo de color no abunda tanto como el realizado en lana, excepción hecha de los bordados azules tradicionales de Mallorca. Estos, por desgracia, ya no existen, por haberse dedicado las del país a seguir el gusto francés para proveer las tiendas más afamadas de ropa blanca en París y New-York. En los viejos diseños mallorquines no figuraron jamás bichos ni personas, sino hojas y ramas de viñas y flores, cuyo centro se rellenaba con menudas estrellas o círculos. Estos trabajos recuerdan los de Creta y las islas griegas. Así se bordaban profusamente los vestidos, siguiendo el estilo en vigor hacia fines del siglo XVI y principios del XVII, época en la cual las damas de Mallorca usaban trajes de seda bordados en seda y la clase media se contentaba con el bordado de hilo azul.

En las colchas, las toallas y las delanteras hacíanse bordados sin acompañamiento de deshilados, con seda floja y a puntos muy largos, pasados por el tejido al exterior, con el objeto de ahorrar seda. Los puntos largos están sujetos a intervalos por filas de punto atrás. El color y diseño están inspirados en los tejidos estampados de algodón procedentes de la India, y, sin duda, para aproximarse lo más posible al original, utilizábase un lienzo sin blanquear y muy fino.

Como motivo principal preferíase el *árbol de la vida* con el águila heráldica. Las viejas colchas de este estilo no resultaban jamás vistosas con exceso por usarse tonos suaves de pastel; en cambio, las copias más modernas, realizadas en lienzo casero que de vez en cuando aparecen en los escaparates de las tiendas, resultan demasiado violentas de color y hablan poco a favor del gusto de las bordadoras; recuerdan la típica entonación fuerte de los trabajos rumanos más que los suaves modelos cuyo puesto pretenden ocupar.

Estas colchas, imitación de los estampados indios de algodón, son de los pocos artículos en los que puede hallarse huellas de un diseño que le sirva de guía a la bordadora, debido a que, por ser aquellas prendas desconocidas y poco familiar su dibujo, éste tenía que ser primero copiado por alguna dibujante experta, quizás por alguna religiosa del convento más próximo. Parecidas a las colchas, pero con diseño más menudo, son las llamadas toallas. La yuxtaposición de varios colores en áreas reducidas produce en ellas efectos de sombra, y es sabido que en las labores españolas no son convenientes; pero si los tonos son bastante delicados, apenas se nota esta tendencia al realismo.

X

Además de los bordados negros o en color sobre fondo blanco, se hacían labores a la inversa, rellenándose el fondo con puntos negros o en color y dejando en blanco el diseño. Hay dos maneras de hacer este relleno, ambas por medio de hileras horizontales: con un punto al pasado colocado en sentido vertical y cogiéndose seis o siete hebras de la trama para cada hilera alternativamente (fig. 16), o con uno de cruz largo y corto (fig. 17), cogiéndose sólo dos o tres hebras, según las necesidades del diseño. Los motivos grandes, como el del pájaro con cresta y alas extrañas, exigía contornos largos y rectos a los que se adaptaban las hileras de puntos verticales; en cambio, los diseños menudos, cuyo contorno irrumpía con frecuencia en el fondo, se lograban mejor con el punto cruzado. Los diseños grandes se perfilaban primero con ángulos en conformidad con el relleno, las líneas más largas festoneándose a veces con el nudo hacia dentro. Este relleno se hacía casi siempre de lana, resultando una masa compacta de escaso relieve; el punto cruzado bordábase de ordinario en hilo o seda y se espaciaba según agradaba más. Lo primero se hacía invariablemente en negro; lo segundo, en negro o en tonos distintos.

Dentro del motivo en blanco de pájaro o bicho, solían bordar otros diseños más pequeños: estrellas, rositas o el mismo bicho en miniatura, lo mismo que ya hemos visto repetido en las mangas salmantinas. Por lo general no se utilizaba más que un solo color, lo mismo para el fondo que para los contornos y los motivos pequeños.

Los fondos hechos con lana negra son los que más se encuentran en las labores populares de España. El origen de esta modalidad, a juzgar por las muestras que se conservan en el Victoria and Albert Museum de Londres, es persa, de los siglos XVI y XVII, en cuya época la Persia, tan poderosa en sus manifestaciones de arte con anterioridad a la conquista árabe del VII, había cobrado nuevas fuerzas y hecho revivir sus tradiciones en la confección de lozas finas, miniaturas y bordados. Esas tradicio-

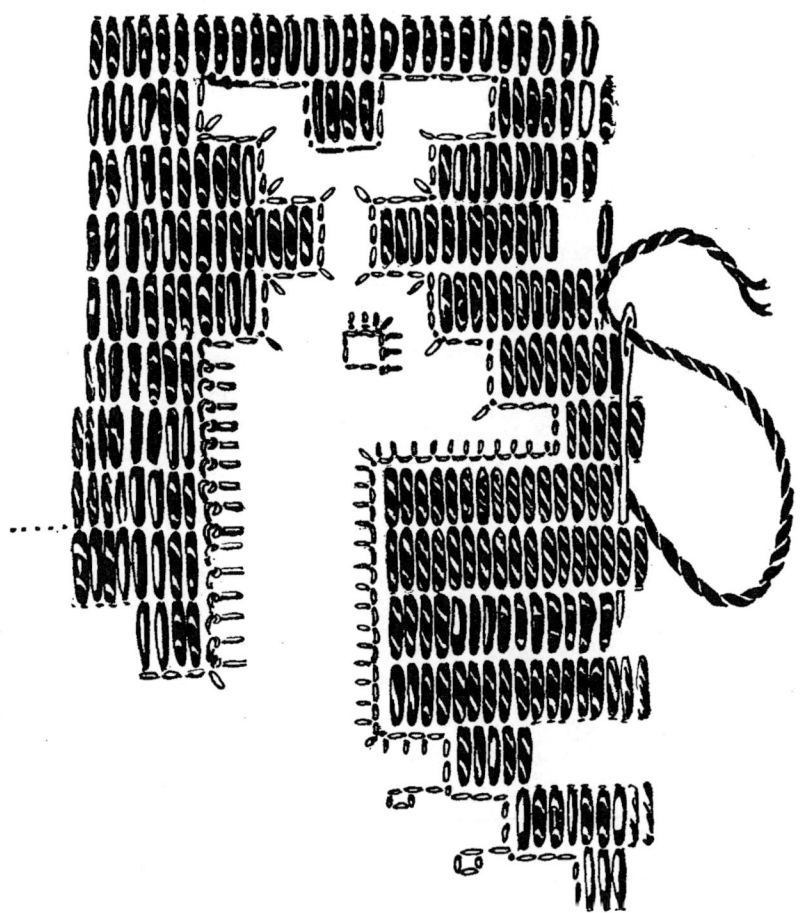

Fig. 16. Dibujo en contorno, y fondo relleno *al pasado* en filas horizontales alternativas.

nes, adoptadas por los árabes, habían sido introducidas en España por éstos. Sabido es que los miniaturistas árabes ilustraban manuscritos para los cristianos españoles allá por los siglos X y XI. Un sarraceno, por ejemplo, iluminó, el año 976, el «Codice Vigilanus» que hoy se admira en la

Biblioteca de El Escorial, y lo mismo, quienquiera fuere el que iluminó el «Comentario al Apocalipse» (de San Beato de Liébana), debió de hacerlo teniendo delante un manuscrito persa. En los bichos allí representados hallamos las mismas formas de corazón que los que adornan los pájaros de las mangas salmantinas; la paloma que vuela sobre el arca de Noé, llevando en el pico una pesada rama de olivo, por fuerza debió ser ascendiente de los pajarracos que vemos en los bordados populares, y, con los innumerables e inclasificables cuadrúpedos y bichos que ilustran aquéllos, debe su origen a la inspiración oriental.

Prueba de que las bordadoras rurales ignoraban el significado de lo que reproducían, es el hecho de que la rama de olivo se transfería, a capricho, del pico de un pájaro a la boca de un pez, y más tarde a la cola de éste, por no tener, a los ojos de la bordadora, más importancia que la de llenar satisfactoriamente un hueco.

En España y en el Norte de Africa pueden encontrarse bandas de bordados en seda elaborado por el mismo sistema de fondo relleno y diseño en blanco. Los españoles se distinguen por cierta tendencia a los motivos de la época del Renacimiento, en tanto los moros siguen fieles a las figuras

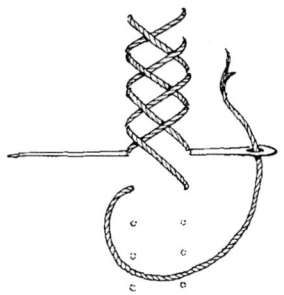

Fig. 17. Variación del punto de cruz, usada para rellenar el fondo.

geométricas. Estas bandas datan de los siglos XV, XVI y XVII, y no he logrado jamás saber cuál fué su finalidad. Las de fondo negro son mucho menos corrientes que las rojas. En algunas de estas muestras el punto de media cruz sustituye al «corto y largo» en forma tan apretada, que el tejido queda abierto y, mirado a contraluz, resulta perforado como una red.

De este género son las preciosas camisas de boda de Sierra Morena, lugar en donde las tradiciones moras perduraron mucho después de haberse marchado de allí los que las introdujeron en el país. La guarnición en torno al cuello se hace en rojo o verde con el diseño en blanco y, al revés de lo que ocurre en las prendas de Lagartera, no se utiliza jamás el deshilado. Las mangas van adornadas de un *Agnus Dei* o el águila de Hapsburgo perfilada al relieve. A primera vista diríase que este adorno está hecho por medio de una trencilla; en realidad, se consigue con el punto de trenza ya descrito. El diseño blanco en torno al cuello es de gran delicadeza.

Al contemplar uno de estos trozos blancos reposando sobre un lecho negro, no se puede por menos de recordar la madera incrustada con marfil que tan prodigiosamente trabajaban los egipcios y los árabes. ¿Serán estos bordados una interpretación con puntos de los pájaros y flores que se ven en las arquetas antiguas?

XI

Hasta ahora hemos hablado del lienzo casero íntegro y embellecido por medio de bordados ejecutados, la mayoría de ellos, en hilo distinto al usado en el tejido; ahora hablemos del lienzo no íntegro, es decir, deshilado en parte, y esta parte embellecida por medio de hebra casera igual a la que servía para tejer el lienzo. Este procedimiento de deshilar es, sin duda alguna, el principal de todos los practicados en España para adornar las ropas blancas populares. A tal punto es cierto este hecho, que puede aplicarse a cualquier colección de bordados antiguos el término *colección de deshilados*.

Es indispensable preliminar de estas labores el sacar unas hebras de la urdimbre, de la trama o de ambas; entonces se adorna las que quedan con un hilo a la aguja. Existen dos sistemas distintos: el de agruparlas en sentido diagonal y coserlas haciendo combinaciones de ruedas o de soles, con lo que se logra un diseño bonito parecido a encaje con muchos calados; pero este deshilado tiene la desventaja de que las hebras que no están incluídas en el diseño se encuentran muy débiles a causa de no ser reforzadas. Si en vez de agrupar las hebras en sentido diagonal se las deja a su natural dirección rectilineal, envolviéndolas con puntadas espirales, el resultado es como una red muy fuerte; el dibujo obtiénese luego por el sencillo medio de rellenar ciertos de los huecos de la red, resultando por este sistema una decoración casi indestructible. Este procedimiento es el típico castellano; el otro, llamado de *soles*, es muy corriente en Méjico, Puerto Rico y las Canarias, que lo obtuvieron directamente de Andalucía, por ser una derivación simplificada del encaje veneciano utilizado en Sevilla en el siglo XVI.

En Sicilia, dominada como España por los árabes, se hacía antiguamente un deshilado muy espeso y turbio, parecido al antiguo castellano, lo que permite creer fué introducido por los invasores, habiéndolo aprendido ellos a su vez de la Persia o del Egipto; y en verdad hay fragmentos de esta clase de labores en varios Museos que se atribuyen al siglo VI, siendo, por consecuencia, anteriores a la invasión de Egipto por los árabes. Un detalle musulmán que se puede observar en muchos deshilados españoles es la serie de pequeñas rosetas en el área del cuerpo de algún bicho, lo mismo que se ve en el ciervo de bronce árabe del siglo IX que se conserva en el Museo de Córdoba.

Queda dicho que se preparaban dechados especiales de deshilado no solamente para perfeccionarse en esta labor, sino también para tomar nota más adelante. Los modelos más sencillos son los geométricos; después, las formas vegetales muy estilizadas y, por último, las figuras de animales y humanas.

Como ejemplo más familiar de sacar hebras en una sola dirección se puede citar la vainica y sus variaciones llamadas de escalera y serpentina. Al deshilar en dos direcciones, la bordadora entra en una técnica más difícil y más variable. Se determina el número de hilos sacados en proporción a los no sacados, según la tosquedad del lienzo, con el objeto de dejar solamente las hebras suficientes para hacer una línea fina, aunque fuerte, entre los calados. Era regla general en los lienzos caseros de que aquí tratamos el sacar tres y dejar otras tres hebras en cada sentido; así se convertía lo que había sido sólido en una extensión floja de huecos cuadrados. Los hilos que separan estos huecos son envueltos luego en sentido espiral, menos la parte que exige el dibujo.

Para crear el diseño había cuatro métodos, tres de ellos muy populares en España; el menos corriente era el de extensiones relativamente grandes que se dejaban sólidos, es decir, de tela sin deshilar, con un dibujo indicado por un contorno de pespunte; a este perfil se le daba cierto relieve con sobrecosidos o con puntadas de ojal. Así indicado el diseño, se sacaban los grupos de a tres hebras y se envolvían las restantes. Esta clase de deshilado era poco común en España, como hemos dicho, salvo los casos de calados con márgenes de punto agudo o festón penetrando en la tela, o de sencillas figuras geométricas como la cruz.

El segundo método, como el tercero y el cuarto, requiere como primer paso la transformación de la tela en una red de pequeños calados cuadrados, en los cuales se puede crear un dibujo de varios modos. El caso presente se llama *a pasadas;* la aguja, enhebrada con hilo más grueso que el sacado, y pasando en una sola dirección, hace un dibujo denso y saliente. Si los calados son grandes (de seis o siete sacados), se pasa la aguja entre la puntada que se está haciendo y la última hecha, para impedir que las pasadas se abran. Este procedimiento es bastante corriente.

El tercer método de hacer el dibujo es *el zurcido.* Usando el hilo sacado, u otro de igual grueso, se zurce en ambas direcciones con tanto esmero que apenas si se logra distinguir entre la parte zurcida y la tela intacta, si no fuera porque el remate conseguido por el hilo que pasa alternativamente por arriba y por debajo del contorno del dibujo es muy distinto al remate hecho por medio de un sobrecosido al punto de ojal, como en el primer sistema de que hemos hablado, y en el que no se sacan hilos en la parte del diseño. A pesar de ser muy laborioso el zurcido o retejido (así lo llaman algunas bordadoras), es bastante corriente. Siempre al hilar se guardaban las madejas

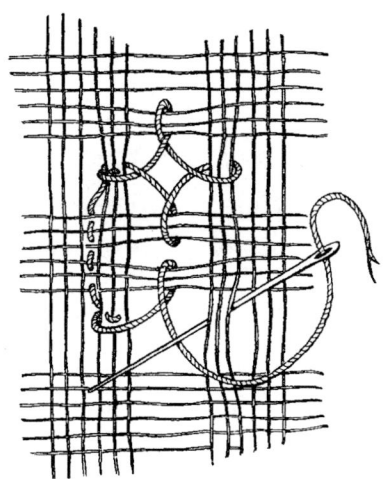

Fig. 18. El *punto espíritu* de cuatro presillas, para producir el dibujo en labores de deshilado.

más finas, con intención de utilizarlas en esta clase de labor, de modo que hay piezas de tanta perfección que merecen de verdad la clasificación de *retejidas.*

El cuarto caso es el más fácil y popular: se rellenan los huecos incluídos en el dibujo por medio de presillas con punto espíritu, o sea cuatro presillas en cada cuadrado vacío (fig 18). Si se usa un hilo grueso, resulta el dibujo muy cuajado y saliente. En los deshilados antiguos hechos en esta forma se cuidaba de envolver con suficientes espirales la red y de reforzar las dos márgenes de la tira ornamental con puntada de ojal; pero en las labores modernas, hechas con más rapidez, que hoy en día salen de Lagartera para venderse en Madrid, se omite el ojal y se envuelve la red con dos pasaditas, una desde la derecha a la izquierda, la otra en sentido contrario. Así es que, aun cuando estos deshilados tienen el mérito de conservar los dibujos típicos y tradicionales de la región, no tienen comparación, desde el punto de vista de la técnica, con los antiguos deshilados, que se confeccionaban, no para vender, sino para satisfacer el instinto decorativo y estético de la bordadora.

No todos los deshilados son exclusivamente en blanco; había varias maneras de introducir colores. La red, por ejemplo, podía ser envuelta en hilo negro, miel o azul, dejando blanco el dibujo; o, caso de emplearse el sistema de ejecutar el dibujo con punto espíritu, éste se hacía en color sobre la red blanca.

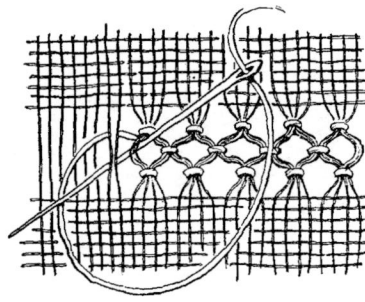 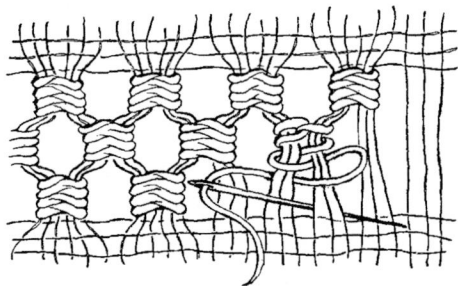

Fig. 19. Un deshilado sencillo de hilos sacados sólo en una dirección.

Fig. 20. Un deshilado sencillo de hilos sacados sólo en una dirección y cosido en azul; le sigue otro igual, cosido en color de miel.

Además de los deshilados con base de cuadritos huecos, la que se usaba en bandas anchas para adornar paños y sábanas, se hacía una banda estrecha de hilos sacados solamente en una dirección, clase que se reservaba para adorno de las camisas aldeanas. Fuera de España se llama este género ruso o persa; aquí es conocido con el nombre de *deshilado antiguo* (figuras 19 y 20). Se hace sacando cuatro hilos, por ejemplo, y dejando otros cuatro; entonces se envuelven los restantes en grupos de cuatro a la vez, pero con la peculiaridad de pasar la aguja diagonalmente por encima del grupo vertical para hacer la segunda fila de grupos envueltos. Esta clase también lucía combinaciones de color, principalmente de azul y miel en filas alternativas.

XII

Los deshilados no acompañados por bordados parece ser que se empleaban en la confección de sábanas, fundas de almohadas, delanteras y toallas, toallas tan adornadas que nosotros las reservamos para colocar sobre nuestras mesas y aparadores.

Las cenefas que guarnecen estas prendas son de carácter geométrico o de flores y figuras, con el fondo trabajado y reforzado en la forma ya descrita. Las bandas que adornan las sábanas dan la vuelta en las esquinas y bajan un trecho para formar el embozo. Las fundas están hechas de un trozo de lienzo largo y estrecho, adornado en dos mitades que se unen por medio de una randa. Era de rigor, en las camas bien provistas, el colocar dos almohadas pequeñas debajo y encima una larga, cubriendo la pared del rincón en donde se colocaba la cama con mallas y deshilados, y en torno a ésta, atadas con cintas, poníanse las delanteras profusamente adornadas de trabajos deshilados. Combinábase este adorno a veces con tiras de encaje de bolillos o de *crochet*, y en ocasiones se usaba este último para la confección de la delantera toda, tan primorosamente hecho, que es difícil distinguirle del propio deshilado.

Las toallas, paños y tapetes antiguos eran y son muy lindos. Hacíanse, por lo general, de largos distintos y de una vara de ancho, a veces de sólo cuarenta centímetros, y se las guarnecía con una o varias tiras de diseños y anchos diferentes, rematándolas luego con una puntilla o un dobladillo.

Hay modelos en los que el deshilado se hacía formando puntas o series de diagonales en lugar de las tiras horizontales. Los extremos de la tela donde se sacaban los hilos van rematados por un festón con el nudo vuelto hacia la parte de adentro.

Existe una gran variedad de muestras de toallas. De quinientos modelos examinados por mí no vi dos iguales, y todos eran bellos. Les pres-

51

ta en ocasiones una nota grata la adición de unas iniciales o un nombre en color. Algunas llevan puesta alguna fecha. Las he visto con el año 1730 y 1760, trabajado minuciosamente en algún tono suave, que había bajado más aún con el lavado. Prendas hay que llegan a nosotros sin haberse usado ni lavado luego de reposar largo tiempo en las arcas de algunas desposadas, y si la rigidez de su tejido no sugiere un contacto grato a la piel, su color marfileño resulta muy bello contra la oscura madera de alguna mesa o mueble.

En las prendas de vestir se encuentran combinados los deshilados con bordados en blanco. Modelos muy ricos de este género se hallan a veces en las camisas y calzoncillos regalados por las novias a sus novios, así como en las baberas que para afeitarse utilizan éstos. Los calzoncillos no constituían una prenda puramente utilitaria, pues la costumbre de abrirse sobre ellos los costados del pantalón los convertía en prenda de adorno. En cuanto a las camisas, se hacían trabajos primorosos en las hombreras y puños rizados, formando un diseño, y las pecheras mostraban, por regla general, el llamado deshilado ruso. Debajo, bordábase el nombre del destinatario y el de la bordadora; por ejemplo: «Ramuldo Tecedor. Leico Josefa Gomez.» Si Josefa hubiera sabido ortografía con la misma perfección que el arte de la costura, hubiera puesto «Lo hizo»; pero muchas de estas prendas atestiguan que las bordadoras que confeccionaban las prendas, como las monjas que a veces ponían las muestras, no eran personas muy letradas.

Hemos dicho que en la provincia de Toledo hacíanse los camisolines en blanco y negro; en otros lugares, lo mismo hombres que mujeres, llevaban camisas bordadas en blanco, con la parte superior cortada y unida por un calado a la inferior, la que se reponía una vez usada, de modo que la primera duraba lo que dos de las otras.

La lana, aparte el caso ya descrito, rara vez se combinaba con los deshilados. Las sedas de color se utilizaban en las toallas de más lujo y, por lo que he podido ver, se decoraba con ellas sólo en las confeccionadas en la región de Extremadura. He visto toallas que parecen nuevamente bordadas procedentes de algunas arcas de boda de dicha región después de reposar en ellas más de cien años; el dibujo se compone de florecitas sueltas alternando con pajaritos, hechos todos con seda coloreada en dos tonos solamente, siendo el bordado un complemento del deshilado nada más.

Exponíanse estas prendas para admiración o crítica de las amigas de la novia una semana antes del día de la boda, y se guardaban luego en un arca perfumada con membrillos. Las ropas que no se usaban en vida de la desposada pasaban a poder de la generación siguiente.

En la ilustración de estas piezas bordadas en seda se ven ciertos pequeños motivos hechos a pespunte que no guardan armonía con el resto, como los remates de encaje hecho a máquina que se ven en algunas toallas antiguas: son un postizo que a la obra original ha añadido la hija o la nieta de quien legó la prenda.

XIII

Era conocido por el hombre primitivo el procedimiento de anudar hilos para formar una red, y es de suponer que su aguja de hueso con dientes en cada extremo no diferiría mucho de la que se usa actualmente. Aquella técnica de la red primitiva, hecha en hilo fino y embellecida por un segundo procedimiento—el de componer un dibujo en sólido por medio de zurcidos—, dió por resultado una especie de encaje que se usaba mucho para paños de altar, antecamas, cubrecamas y cortinas, conocido en España por el nombre de *red antigua* o *malla*, en Italia por el de *maglia* y en Francia por el de *filet*, siendo este último nombre el aceptado en todo el Extranjero. La *red antigua* es la típica que se hacía en siglos pasados, mientras el término *malla* se aplica más bien a la labor moderna y comercial.

La red antigua española se hacía exclusivamente a base de cuadraditos y en tiras de la misma anchura que el lienzo casero, utilizando para el procedimiento de anudar un bastidor sencillo de madera.

Una vez hecha la red de pequeños cuadros tiene aspecto muy semejante al del deshilado, pero con la diferencia de ser mucho más flexible. Para rellenar este campo calado con el dibujo, se sigue el ya mencionado sistema del deshilado, usando el *zurcir* y el *a pasadas*; caso de exigir el dibujo una extensa área sólida se modifica la densidad de ésta, dejando sin rellenar un número considerable de los cuadritos. En saber precisamente dónde dejar dichos huecos estriba el arte de lograr una bella composición en malla. Esto se ve muy claramente en el *San Francisco* que ilustramos, cuya encantadora ingenuidad se debe nada más que a la perfecta disposición de los vacíos.

Claro está que empleando una hebra muy fina es como se da a la malla su apariencia de encaje; por otra parte, el uso de la hebra gruesa que empleaban la mayoría de las campesinas dió por resultado una labor de mucho interés. Aun lograda a veces nada más que con la borra o desperdicios del lino, las españolas no titubeaban en emprender dibujos muy atrevidos, tales como el sacrificio de Abraham, el Nacimiento y otras escenas bíblicas. Sin embargo, por lo general son más frecuentes los motivos llamados arabescos del Renacimiento italiano, y bastante raros los enlaces geométricos empleados por los moros. Yo no sé si de este hecho podemos deducir que los árabes sentían escasa simpatía por esta clase de labores, ni si tenemos derecho a pensar, por la abundancia de temas del Renacimiento, que antes de aquella época no era corriente en España la confección de la malla; pero lo cierto es que rara vez se encuentran piezas góticas o de influencia gótica. Se dice que la que presentamos como procedente del monasterio de Guadalupe fué regalada por la reina Isabel la Católica a los frailes cuando hizo su visita para dar gracias a Dios por el éxito del inmortal viaje de Cristóbal Colón; pero, aun admitiendo que esta malla revele cierto carácter gótico, es poco probable que la Reina la hubiera considerado como propia de un altar, dada la completa ausencia de temas religiosos. En cambio, la variedad de motivos que en esta pieza se advierte, además de su forma cuadrada y su pequeño tamaño, hacen pensar que se trata de un muestrario de malla. Ya que, como hemos dicho, la reina Doña Juana la Loca tenía unos cincuenta ejemplares de estos útiles artículos, parece verosímil también que su augusta madre poseyera algunos, y entre ellos éste a que nos referimos.

Hacer malla es hoy en día una diversión popular en la España rural; pero la hebra, sea de hilo o de algodón, está hecha a máquina y comprada al viajante de mercería; por lo cual, las piezas antiguas son más buscadas que nunca, sabiendo sus compradores o coleccionistas que en el porvenir habrá pocos ejemplares hechos como la verdadera *red antigua* enteramente a mano.

Motivo central de un tapete bordado en sedas.

ILUSTRACIONES

Una hiladora de Extremadura.

Colcha procedente de Vizcaya, con cenefa azul
y randa azul y blanco.

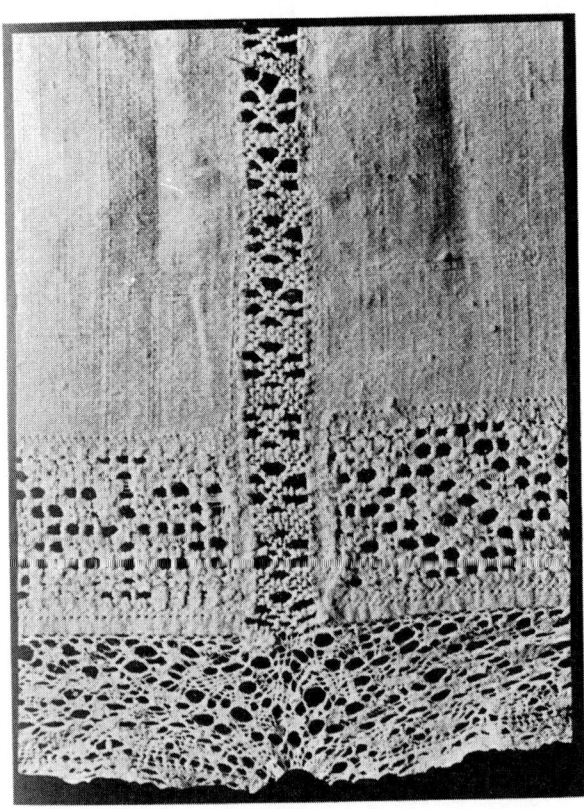

Una randa sencilla hecha con la aguja.

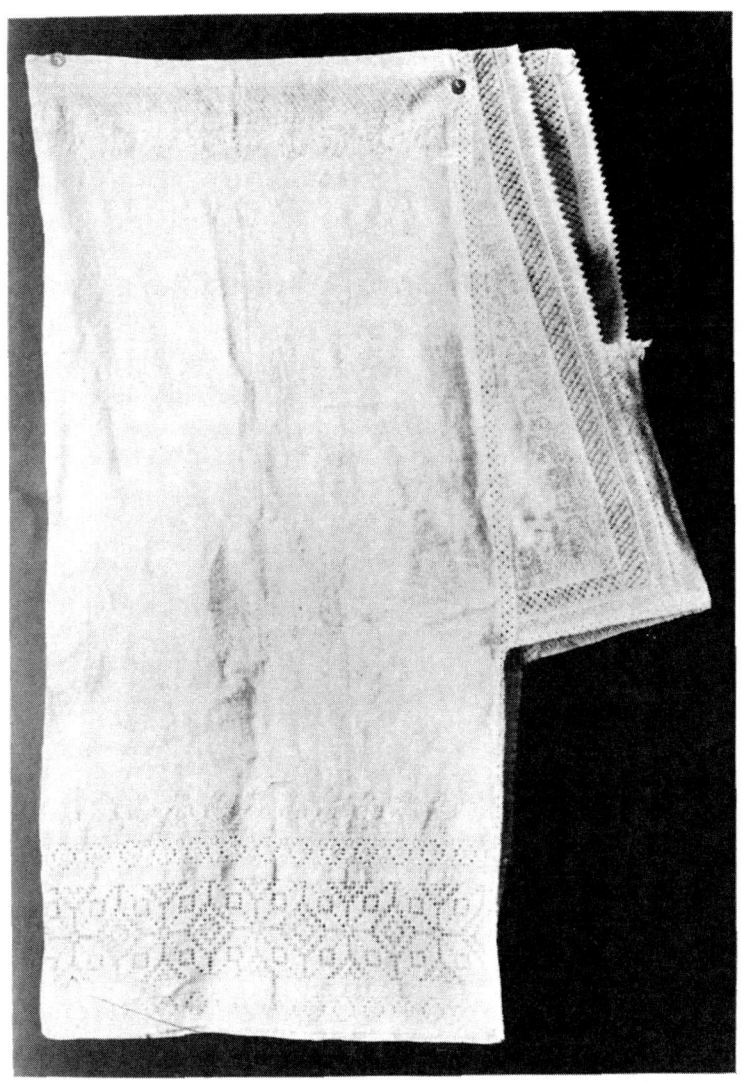

Calzoncillo bordado de novio. Se cortaban las prendas de vestir en líneas rectas, ampliándolas por medio de un cuchillo, o nesga.

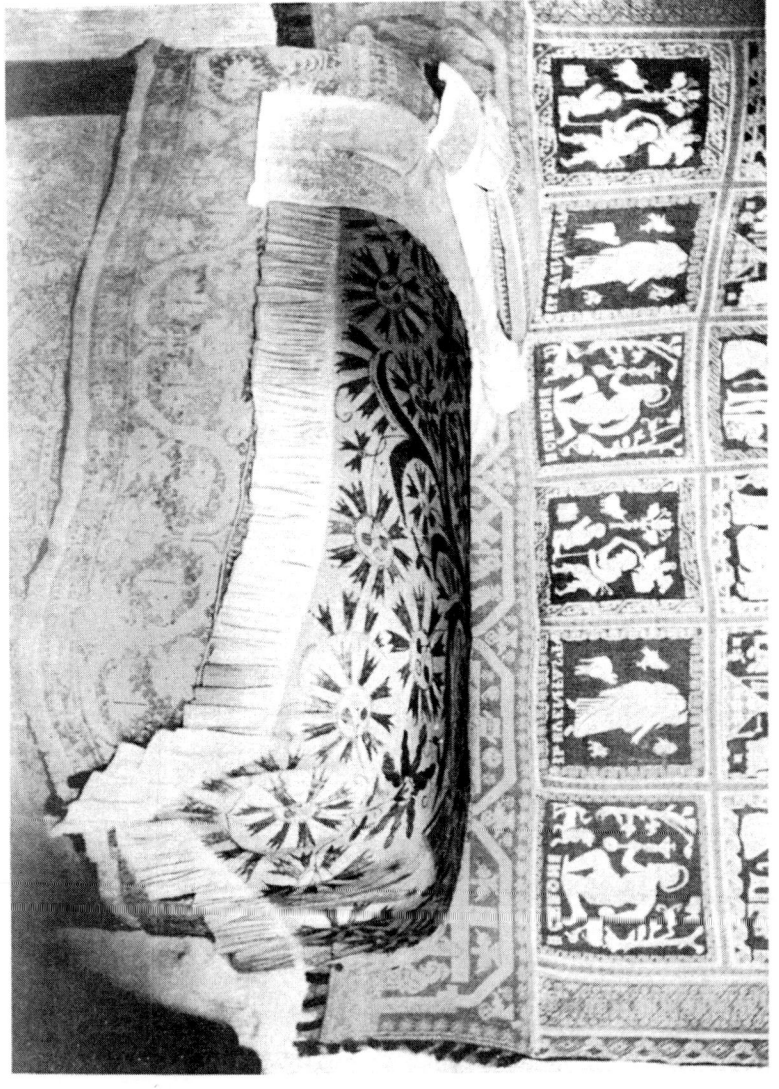

Una cama matrimonial de Toledo completamente cubierta con labores de la tierra.

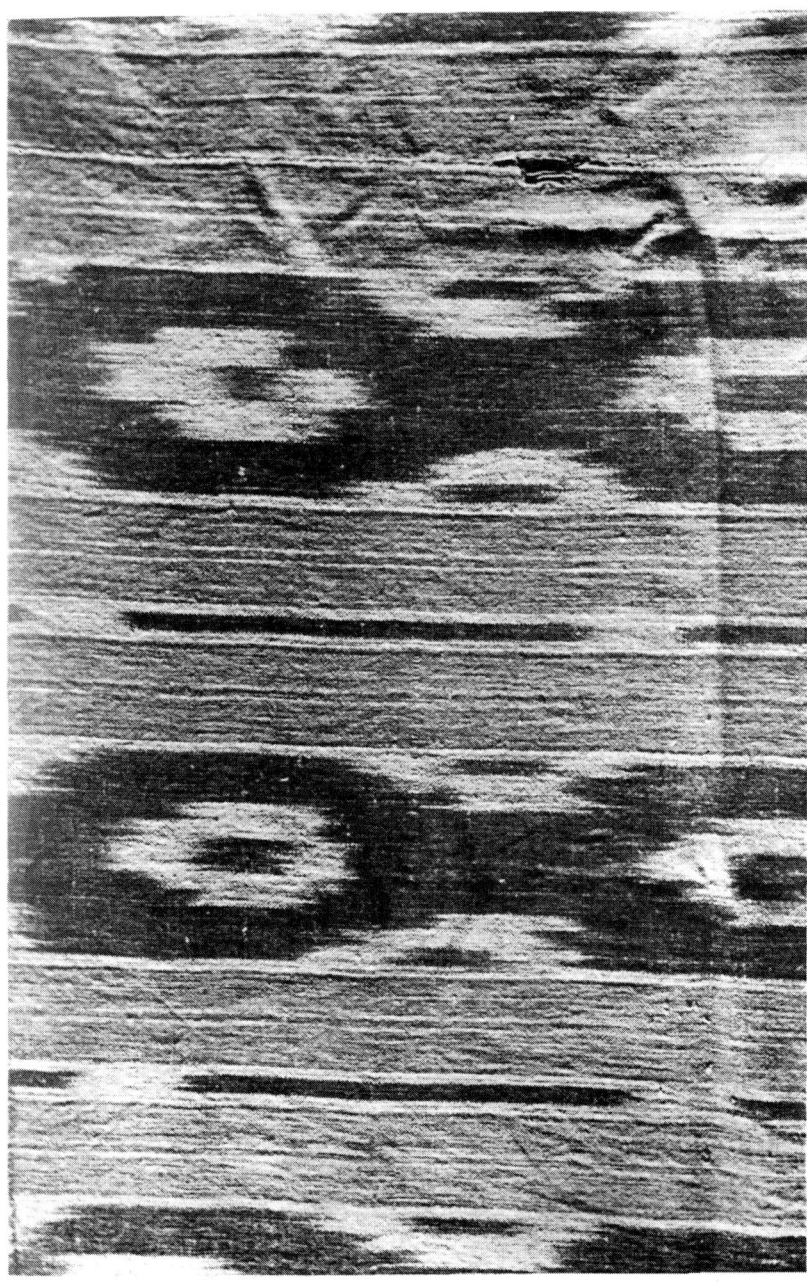

La *tela de lengua* mallorquina en azul y blanco es el típico tejido casero del país.

Tela de lengua de Mallorca en azul y blanco, con fleco azul.

Una colcha casera de tejido fantasía.

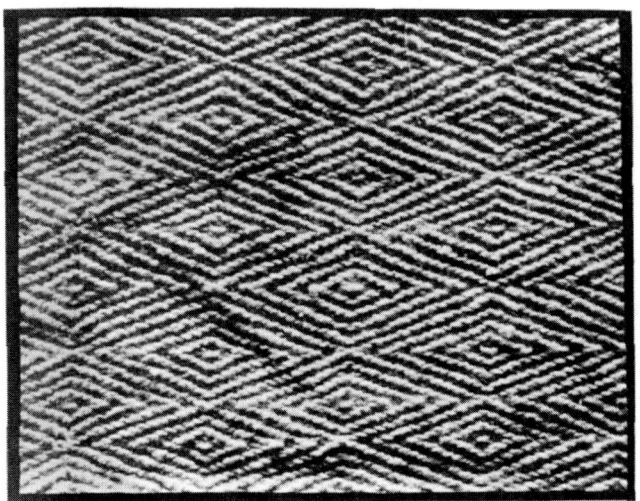

Tejido fantasía procedente de Sepúlveda.

Tejido fantasía en hilo verde y blanco, procedente
de Cataluña.

Colcha de tejido fantasía, los paños unidos por medio de una randa, o entredós.

Tejido de hilo blanco, azul y canela, cuatro hilos azules y dos canelas pasando siempre encima y apenas visible por detrás.

Colcha de confite o caracolillo adornada con fleco haciendo ondas.

Motivo del centro de una colcha de confite.

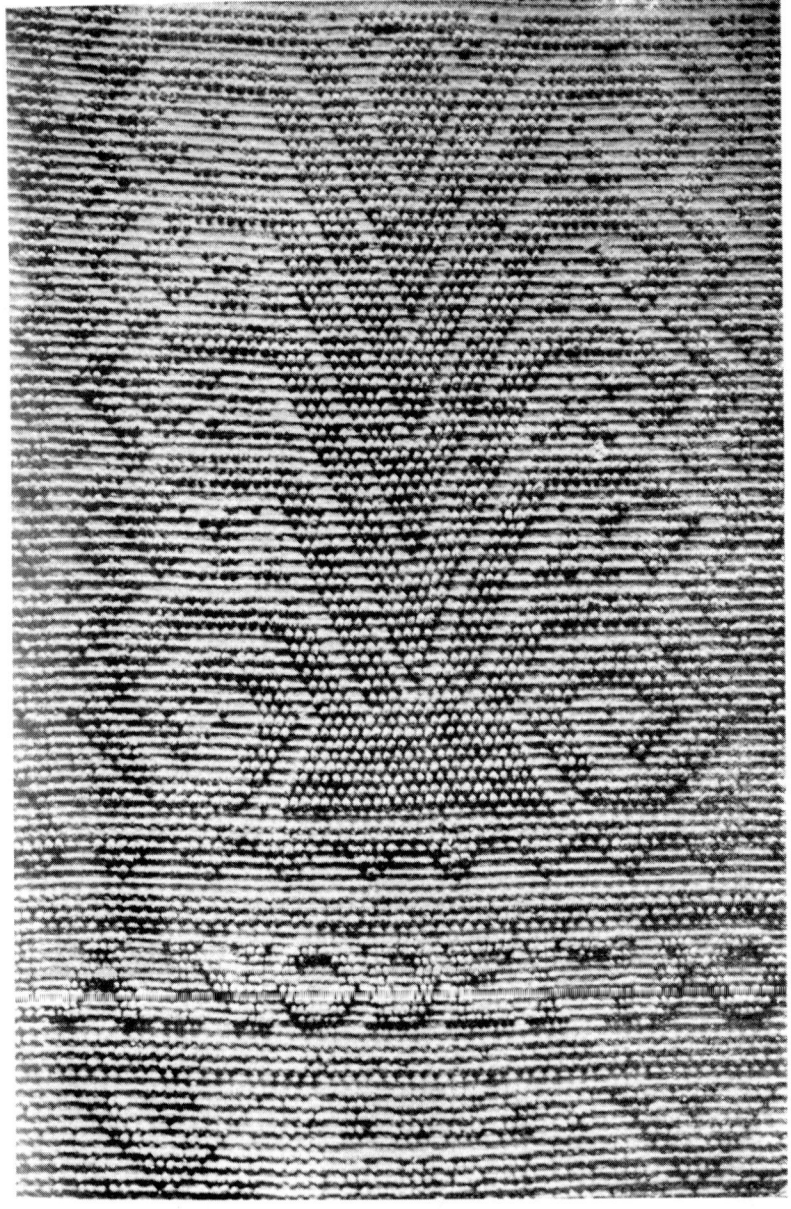

Centro de una colcha de confite, con un motivo derivado del *Árbol de la Vida* (Persa), muy estilizado.

Colcha de confite menudo; la tejedora la empezó con un espacio liso para luego adornarlo con una labor de deshilado.

Centro de una colcha de confite. Al pie de la Cruz se ven los tres soldados romanos, y la fecha 1794.

Centro de una colcha de confite. Lleva los emblemas de la Pasión
y la fecha 1793.

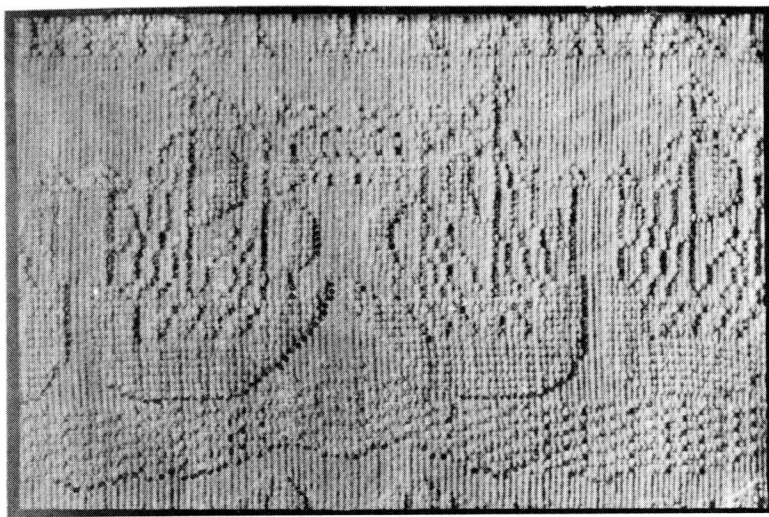

Colcha de confite menudo en bandas horizontales de barcos, bichos, escudos y otros motivos interesantes.

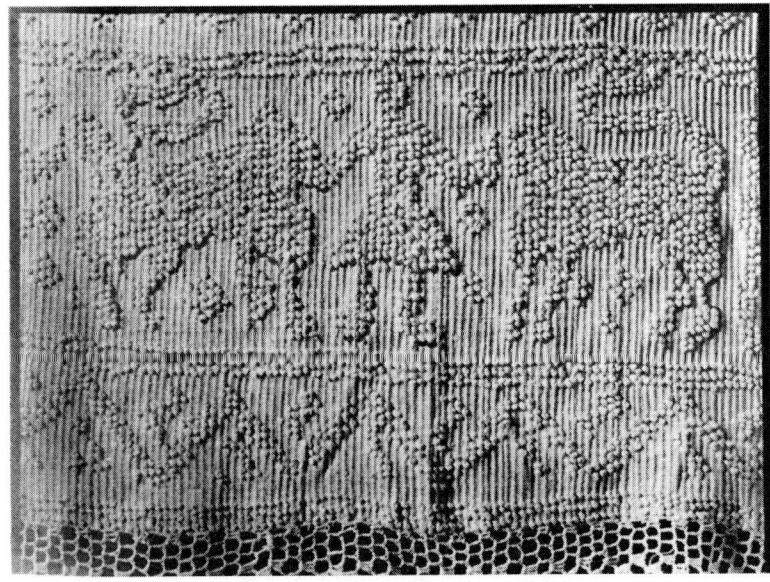

Cenefa de una colcha repitiendo todo alrededor el motivo persa del *Isdubar* estrangulando dos leones.

Cenefa de una colcha de confite repitiendo el motivo del torneo de caballeros.

Una colcha de confite en bandas horizontales; hay juegos, escudos, ciervos, carabelas, etc.

Centro de una colcha de hilo muy fino tejido en confite muy menudito.
Además del águila y la viña hay bichos y figuras.

Cenefa de una delantera en hilo blanco y azul procedente de Galicia, cuyo tejido consiste en presillas largas en vez de confite. El dibujo es de origen persa.

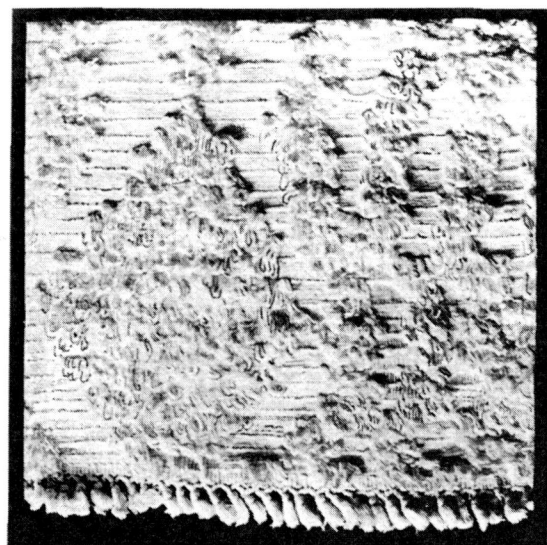

Colcha con presillas largas, hechas de un grupo de hilos
sueltos y sin torcer

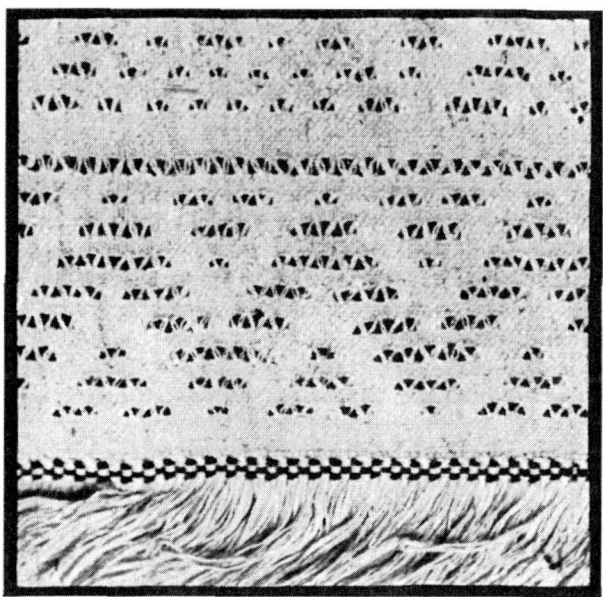

Red de telar o de Valdeverdeja. La urdimbre es un hilo
y la trama va doble, volviendo y haciendo una especie
de zurcido.

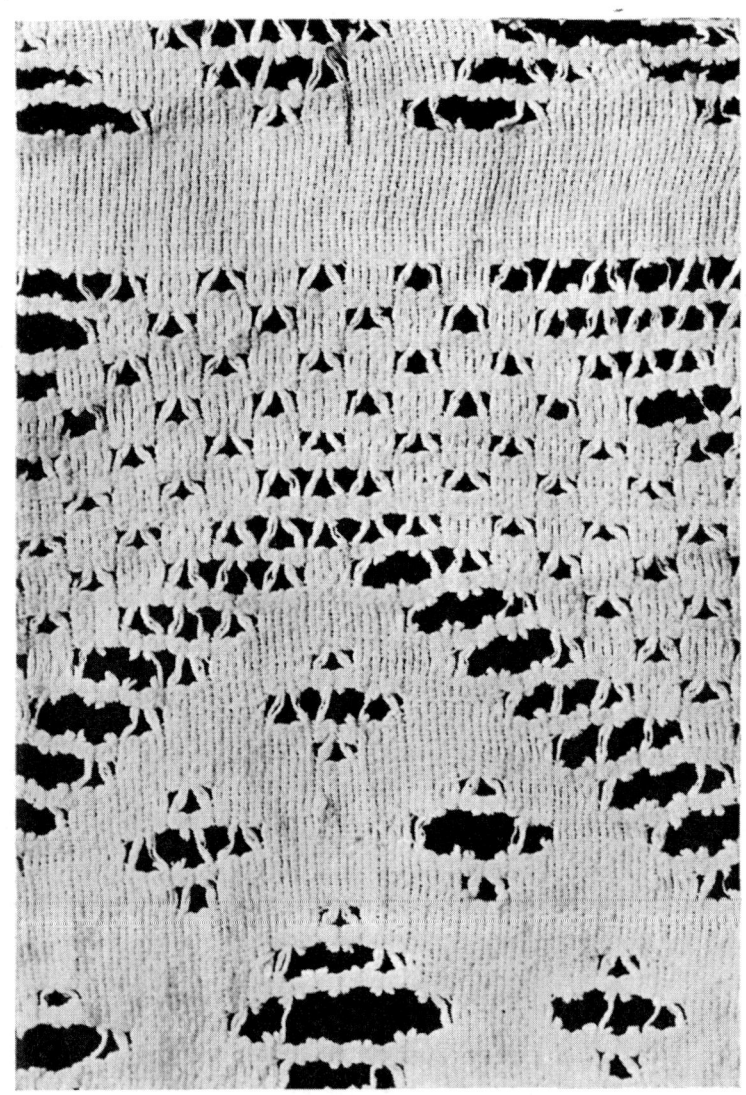

Detalle de la técnica de la red de telar.

Red de telar con la figura llamada Santiago por las campesinas.

Delantera de red de telar tejida con urdimbre y trama de un solo hilo. El dibujo del Sacrificio de Isaac va repitiéndose cara a cara y espalda a espalda.

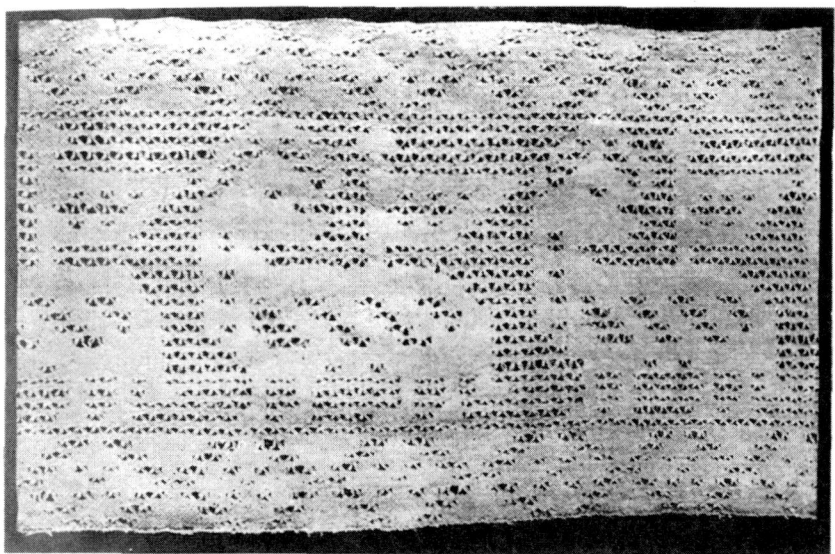

Paño de altar de red tejida con el dibujo del Cordero Pascual.

Red de telar con el dibujo del halconero.

Carros de la provincia de Avila tapados con colchas caseras
de hilo y lana.

Mezcla de hilo blanco y lana negra, con la inscripción: "Soy de Seberiana Santos becina de Campo de Cuellar."

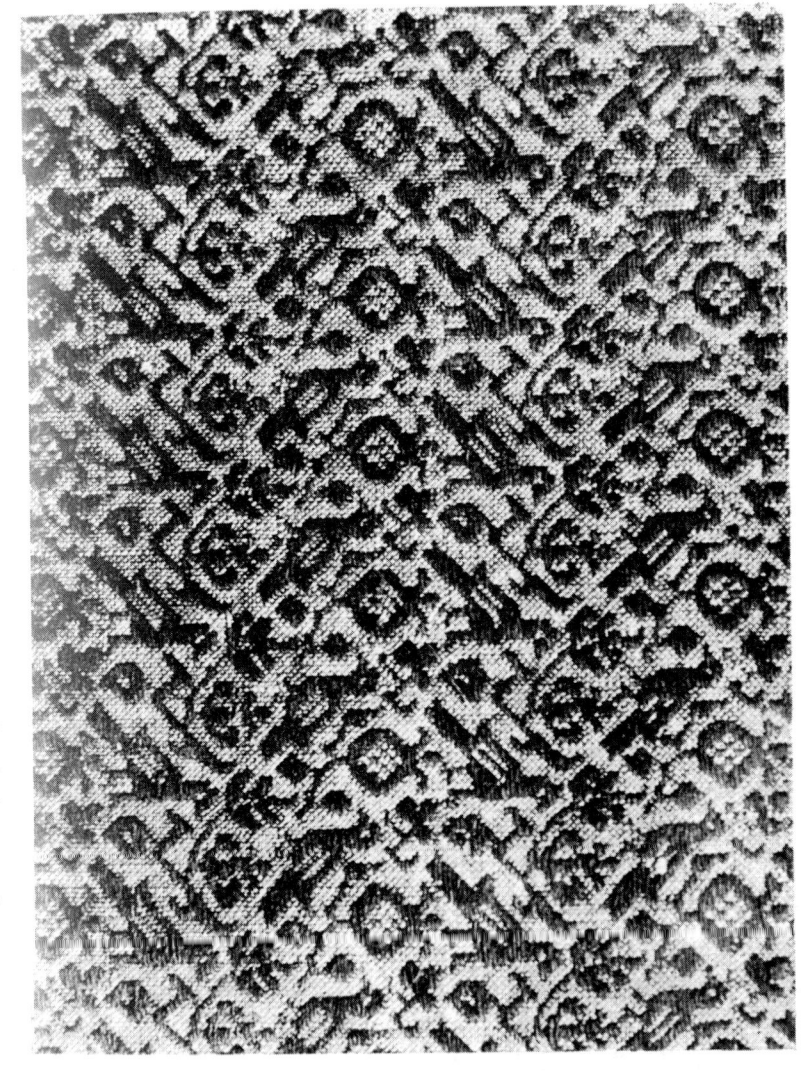

Mezcla de hilo y lana; el pajarito y la granada, de lana canela.

Colcha de hilo y borra de seda, en colores tostado y azul.
(Museo de Arte Industrial, Madrid.)

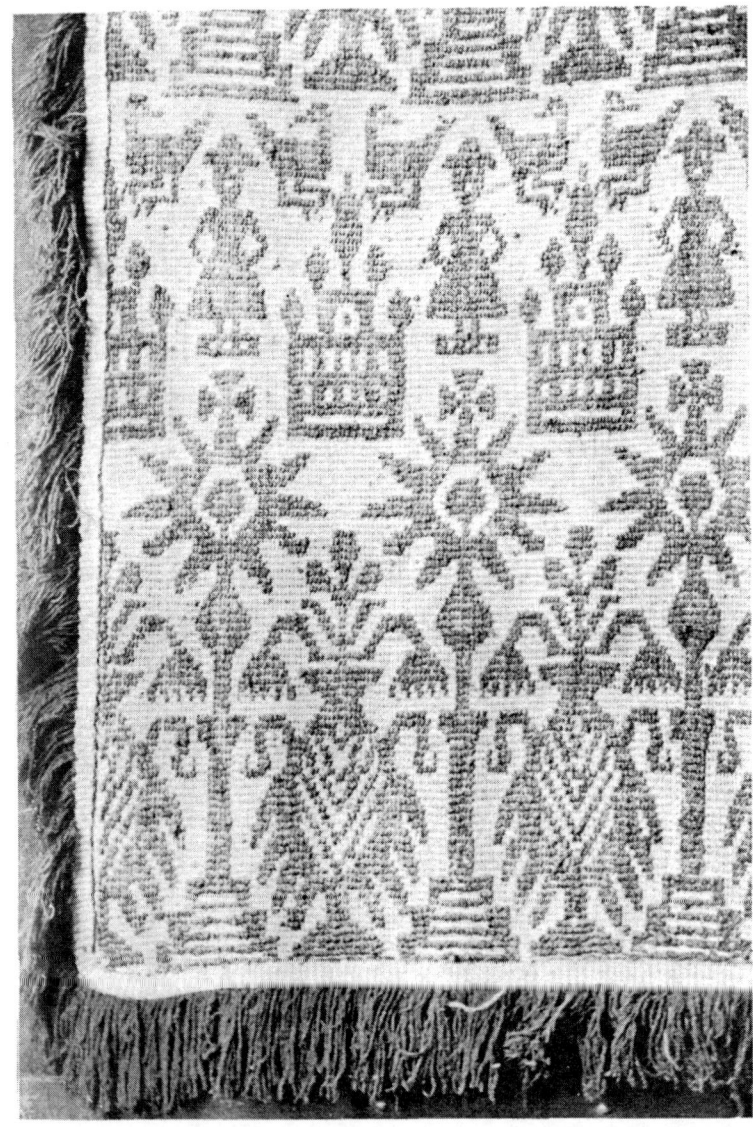

Colcha de hilo en su tono natural y borra (o desperdicio) de seda
verde. La seda está ordenada con el hilo de la urdimbre pasando la
trama de tres en tres hilos. El revés es de fondo verde y dibujo claro.

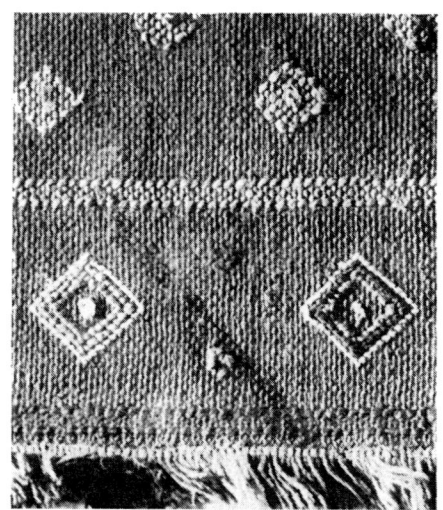

Tejido mallorquín: su urdimbre de hilo azul
y su trama del mismo, mezclado con lana
blanca. La lana usada en el dibujo apenas
pasa por detrás.

Cenefa de una falda mallorquina. El fondo
es de hilo color tostado y el dibujo es de
lana gruesa blanca, azul y verde.

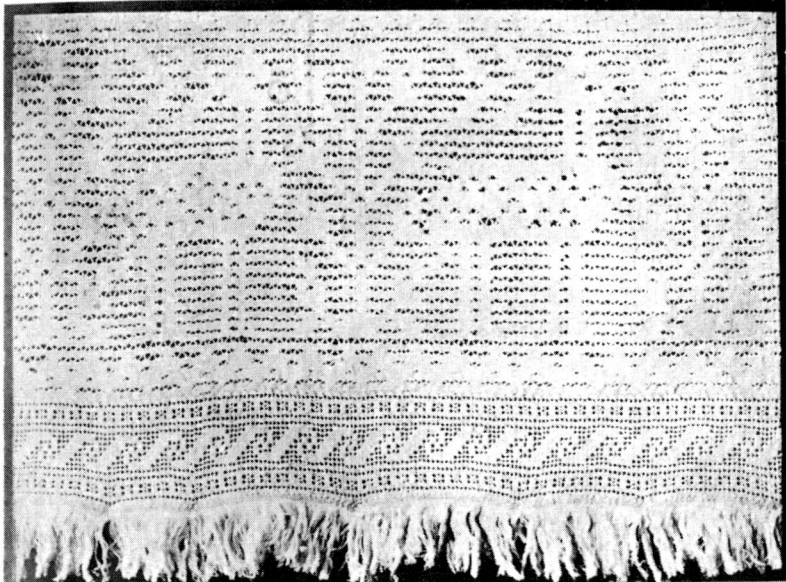

Deshilado en tela de hilo blanco. Franja de crochet y fleco sencillo.

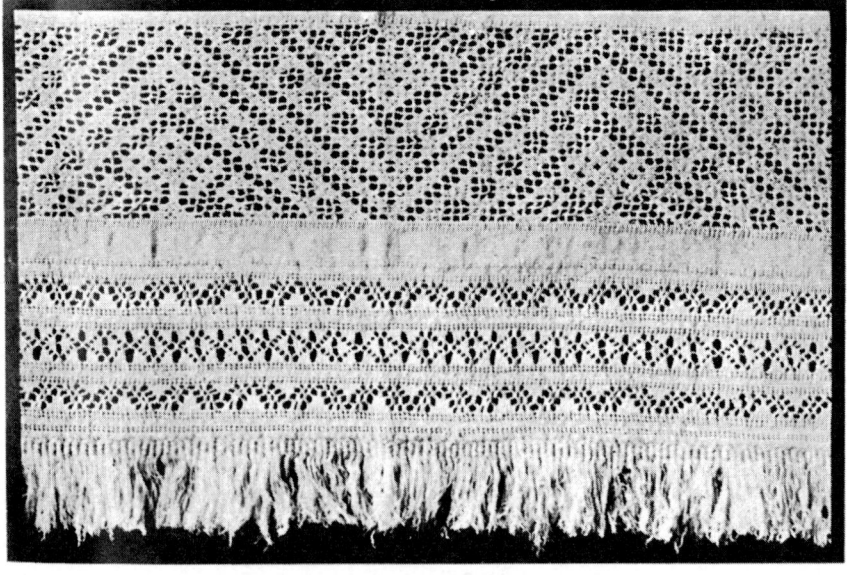

Deshilado en tela de hilo blanco.

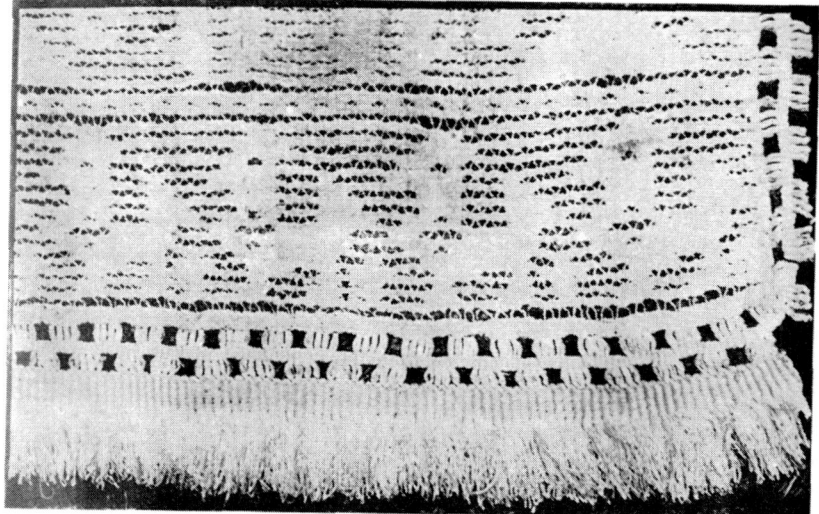

Especie de entredós hecho como un fleco, pero con la particularidad que el *pie* pasa por el centro.

Fleco de herradura sencillo cosido al entredós arriba descrito.

Fleco de la misma urdimbre de la tela añadiéndole más hilos y anudándole borlas.

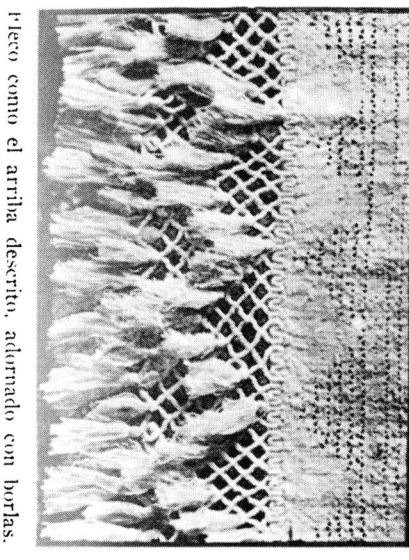

Fleco como el arriba descrito, adornado con borlas.

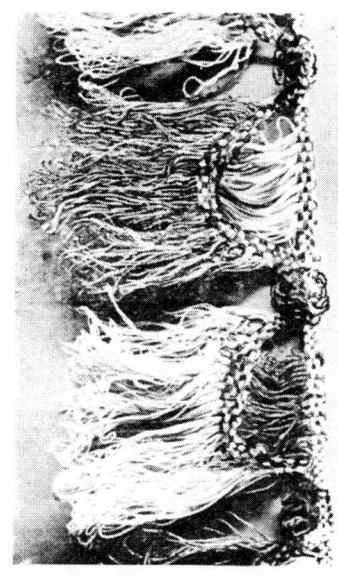

Fleco *herradura* en azul y blanco.

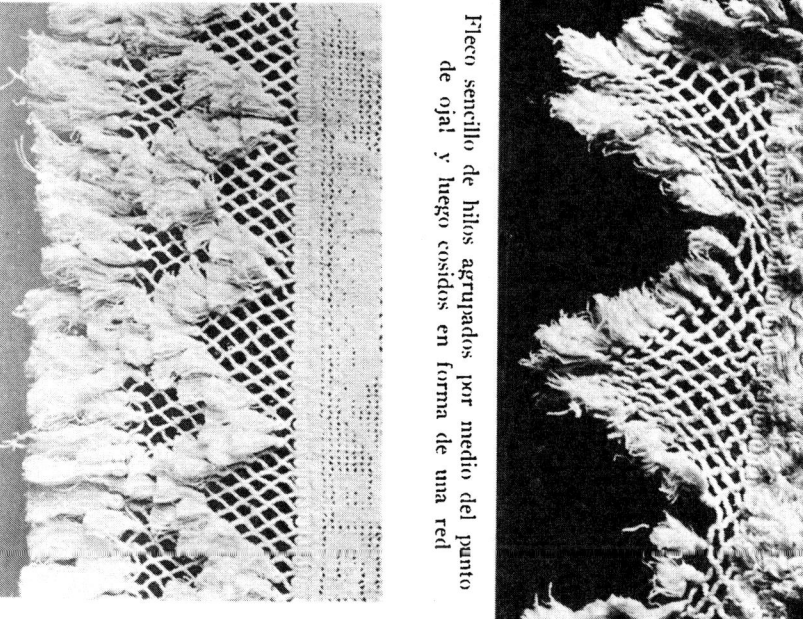

Fleco como los anteriores, adornado con borlas haciendo puntos

Fleco sencillo de hilos agrupados por medio del punto de ojal y luego cosidos en forma de una red

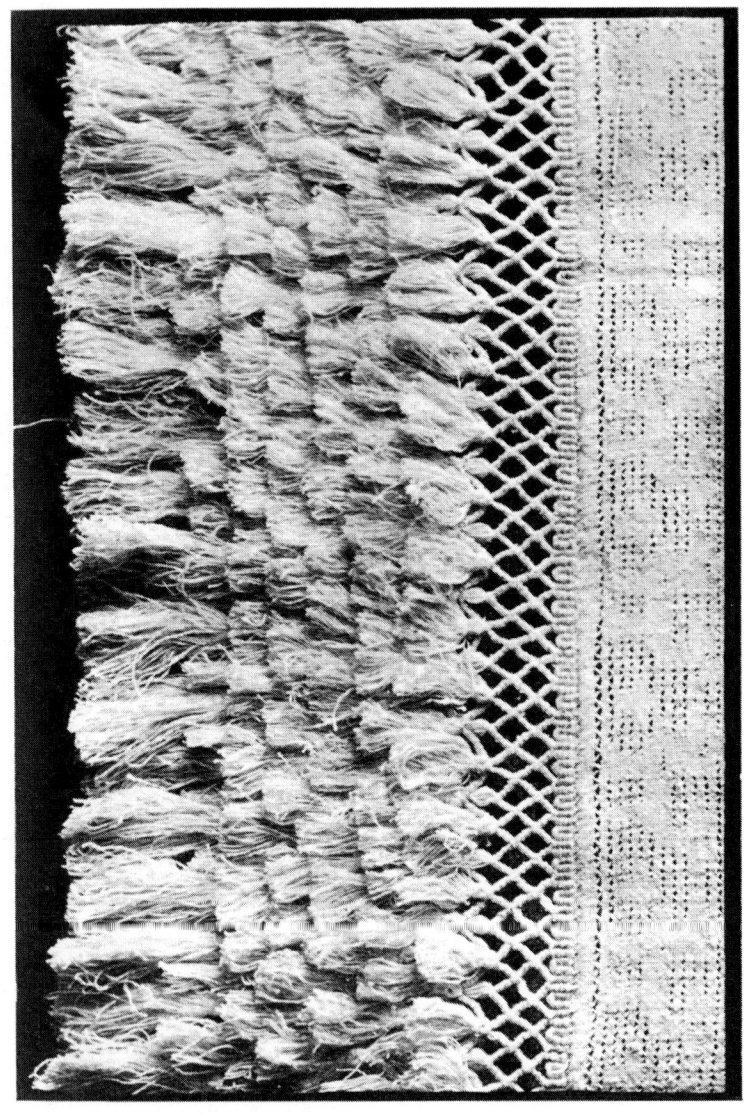

Un magnífico fleco con muchas filas de borlas.

Tapete grande con aplicaciones de tafetán negro recortado.

Tapete grande con aplicaciones de tafetán negro recortado.

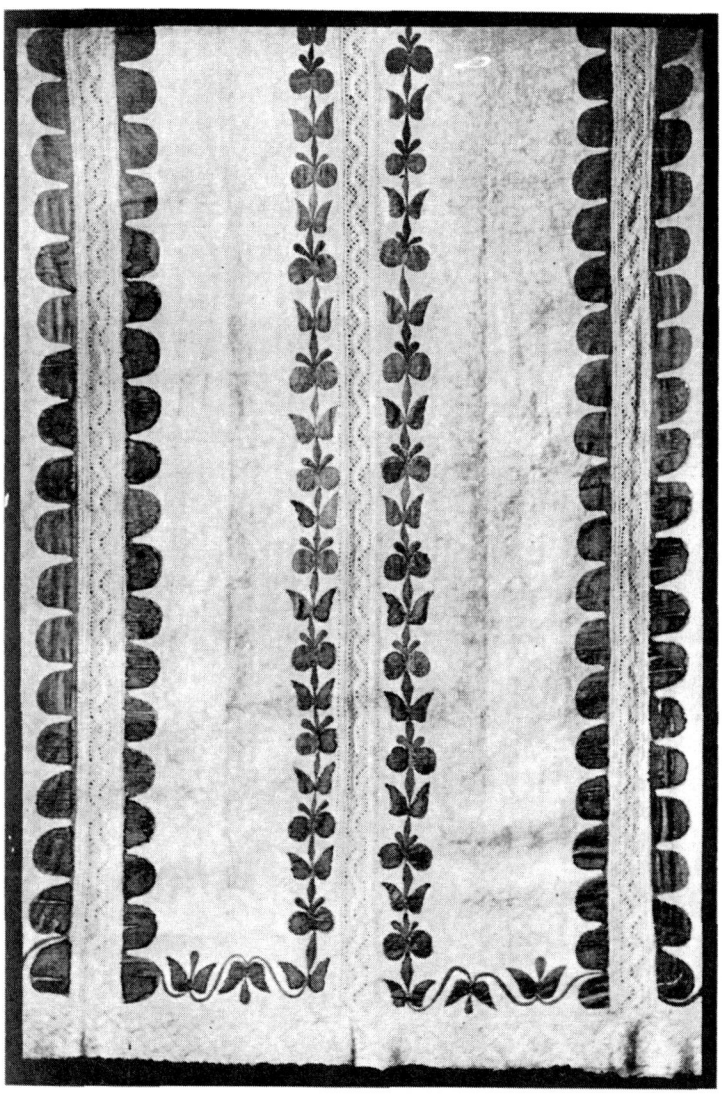

Una pequeña parte de una hermosa colcha de tejido fantasía adornada con aplicaciones de tafetán salmón.

Una cenefa de tapete compuesta de aplicaciones de tafetán negro. Los peces y los bichos representan a los de las miniaturas del siglo xi.

Una cenefa con recortados de pájaros y granadas.

Una pequeña parte de una delantera muy antigua adornada con aplicaciones de tafetán coral, azul y verde.

Bolsillo de hilo casero bordado con hilos de varios colores y además adornado con aplicación de paño azul recortado.

Esquina de una colcha de pañolino adornada con aplicaciones de paño amarillo cosido con hilo blanco. El fleco es de lana amarilla y blanca.

Parte de un dechado bordado con hilo de varios colores.

Parte de un dechado bordado en colores, con varias clases de puntos.

Dechado pequeño bordado con sedas, utilizando principalmente el bordado
al pasado. Entre los motivos se encuentran la estrella y la fuente persas.

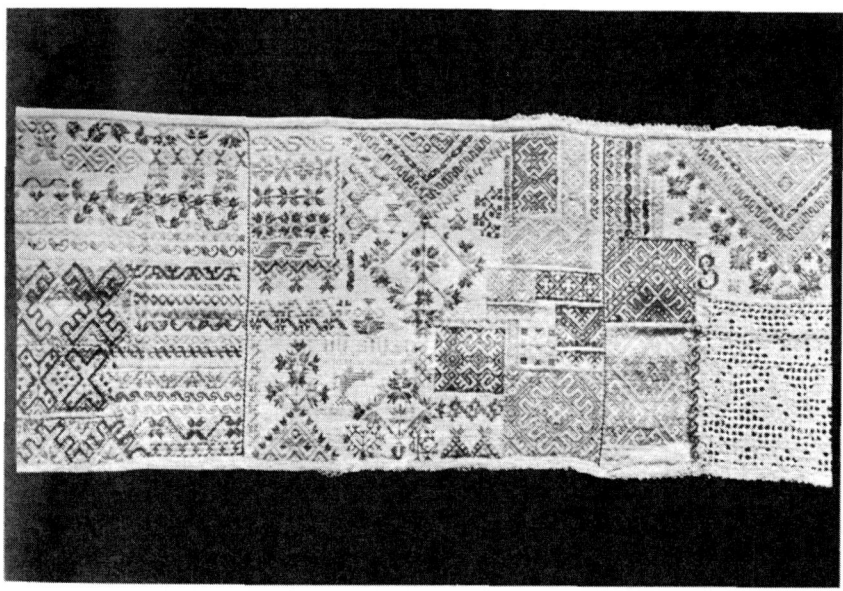

Parte de un dechado compuesto igualmente de bordados y deshilados.

Parte de un dechado de cenefas, con la Cruz de la Orden de Calatrava. Entre los motivos se encuentran la mano de Fátima (de los árabes), la dama y el Cordero Pascual.

Parte de un dechado con dibujos bordados al pasado.

Parte de un dechado bordado con sedas, utilizando principalmente el punto de cruz. El pino y el castillo son motivos que también se encuentran en la loza popular de la época.

Dechado bordado al pasado y al punto de cruz en hilos de varios colores.

Detalle de la llamada cenefa húngara, o sea una banda de zigzag bordada en diversos matices de un solo tono. Era muy popular este motivo en las labores moriscas.

Un abecedario de unos quince centímetros cuadrados bordado en sedas
sobre un fondo de hilo finísimo.

Dechado bordado en sedas e hilos de varios colores. En el centro se ve el águila de Carlos V y el Cordero Pascual.

(Museo Pedagógico.)

Camisa de novio bordada con hilo blanco. Lleva los nombres de
RUMALDOTE CEDORLO I COCULIANA QUADRADO

Tapete bordado en hilo blanco; los contornos, todos a punto de ojal.
(Sr. Weisberger.)

Centro de una colcha de una sola tela bordada con hilo blanco con varias clases de puntos.

Parte de una colcha guateada bordada con hilo blanco. Muestra una variedad de puntos interesantes.

(Señora de Coutant.)

Cenefa de una colcha guateada, cosida toda a pespunte blanca. Las figuras miden unos veinticinco centímetros de altura.

(Cristina Morton).

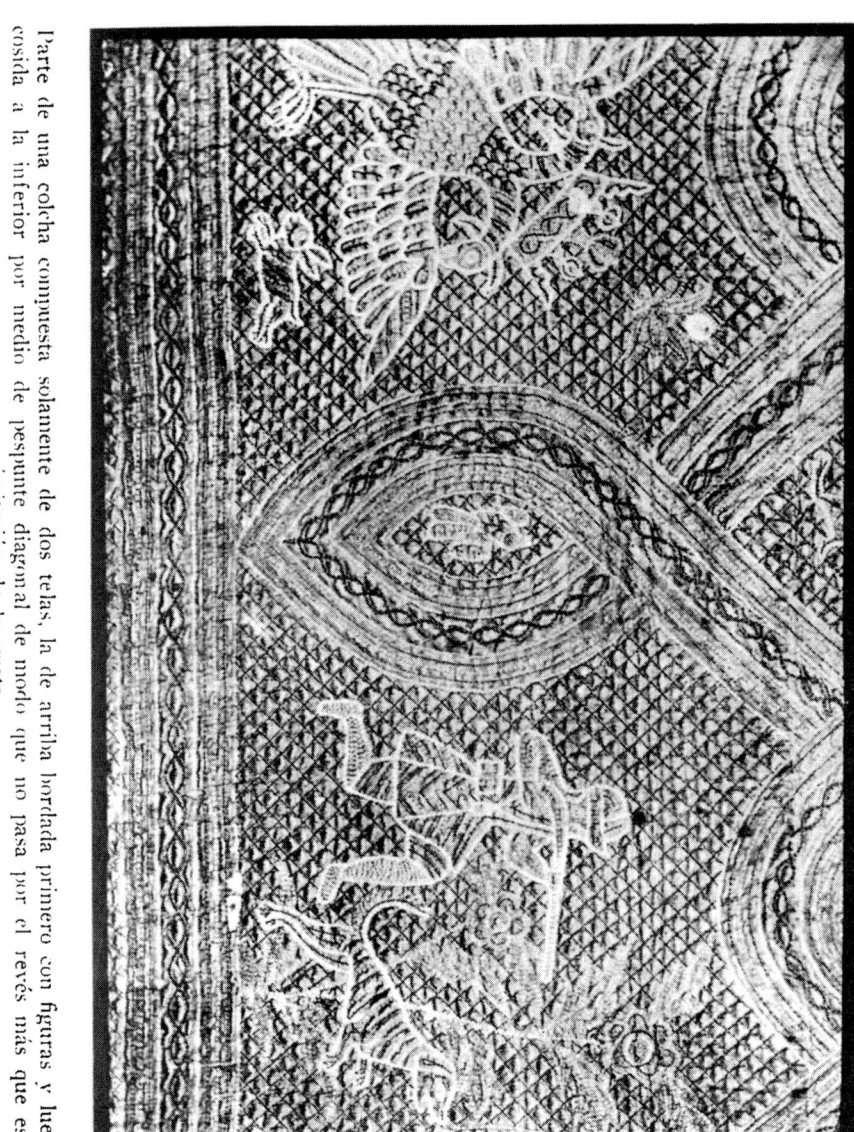

Parte de una colcha compuesta solamente de dos telas, la de arriba bordada primero con figuras y luego cosida a la inferior por medio de pespunte diagonal de modo que no pasa por el revés más que esta imitación de la guata.

Cenefa (representando el mar) de una hermosa colcha de dos telas sin forro; los dibujos son bordados todos a cadeneta de hilo amarillo en la tela de arriba, para luego coserla a la de abajo *por medio de un hilván fino.*

Dibujo en contorno de cadenetas — lana canela al lado de lana azul marino.

Gacelas bordadas con sedas en bandas de zigzag.

Cenefa de bichos y pájaros con lanas en bandas horizontales y verticales.
(Museo Pedagógico.)

Bicho arcaico bordado con lana azul; la superficie, dividida en varios dibujos: uno haciendo zigzag; otro, cuadritos; otro, bandas; otro, líneas diagonales a punto de corroncillo.

La paloma de Noé bastante variada, y dentro del cuerpo, el pez simbólico usado por los cristianos primitivos.

Bicho arcaico bordado con lana violeta y verde. En su boca y su cola lleva flores al estilo de la paloma de Noé, y dentro del cuerpo se ha bordado un corazón con seda encarnada.

La paloma de Noé bordada con sedas verde, azul y coral en cuadritos y bandas paralelas.

Este dibujo es único por su visible naturalismo, separándose
así de la tradición arcaica.

(Museo Pedagógico.)

Bicho bordado con lana amarilla, azul y tostado.

Mangas del traje charro de la provincia de Salamanca. Lienzo casero bordado con lana negra.

Manga salmantina bordada con lana negra. Es de notar que del ramito de olivo que llevaba la paloma bíblica han hecho casi un árbol.

Manga salmantina con puño fruncido y encima bordado

Gorguera o pechero perteneciente al traje lagarterano, bordado con lana negra.

Pechero lagarterano bordado con lana negra en espirales que imitan una trenza.

Paño lleno de símbolos alusivos al Día de los Difuntos y utilizado en la Iglesia para el rezo en dicha festividad. Tiene la inscripción: LE IZO GREGORIA VALDEZATE AÑO 1826.

Paño de ofrenda bordado con lana negra. Representa el cáliz, el monograma y el Corazón de Jesús, y los nombres de Juan Pastor y Ana Mateos, con la fecha 1789.

Detalle de un tapete bordado con lana negra a punto de ojal.
(Museo de Artes Industriales.)

Tapete bordado con lana negra.
(Museo de Artes Industriales.)

Embozo de una sábana de Galicia bordado con hilo azul a punto de cruz.

Bordado de lana roja y azul. Los cuadritos del tejido están de contorno azul, y en el centro una cruz encarnada. Está bordado lo mismo por un lado que por otro.

Hermoso tapete bordado con lana coral y negra. Todo el dibujo tiene contorno negro a punto de cordoncillo, debajo del cual pasa la lana coral sin dejarse ver al revés. La pequeña cenefa tiene el fondo bordado y el dibujo en blanco.
(Museo Pedagógico.)

Tapete bordado con lanas de varios colores, predominando el de naranja.
(Museo Pedagógico.)

El otro extremo del precedente bordado al revés para doblarlo al rezar en la iglesia. La cenefa de la viña parece imitación del tejido del mantón alfombrado.

Paño de ofrenda bordado en lanas de varios colores. Lleva la inscripción: LO IZO BICENTA FERNANDEZ EN RIO CARNO AÑO DE 1820.

Paño pequeño para colocar encima el limosnero; está bordado en lanas muy ¬ivas de color y se parece algo a las labores rumanas.

Un bordado de mucha perfección técnica, lo mismo por un lado que por otro, hecho con lanas roja, amarilla, gris y azul. El motivo del loto indica una influencia egipcia.

(Museo Pedagógico.)

Esquina de un bordado con hilos miel y azul, todo de contorno a cadeneta.
(Sr. Weissberger.)

Motivo central de una delantera bordada con lanas violeta, amarilla y verde, igual
por un lado que por otro; el volante está fruncido a ondas.

Fragmento de un vestido mallorquín del siglo XVII, estando toda la prenda bordada con hilo azul.

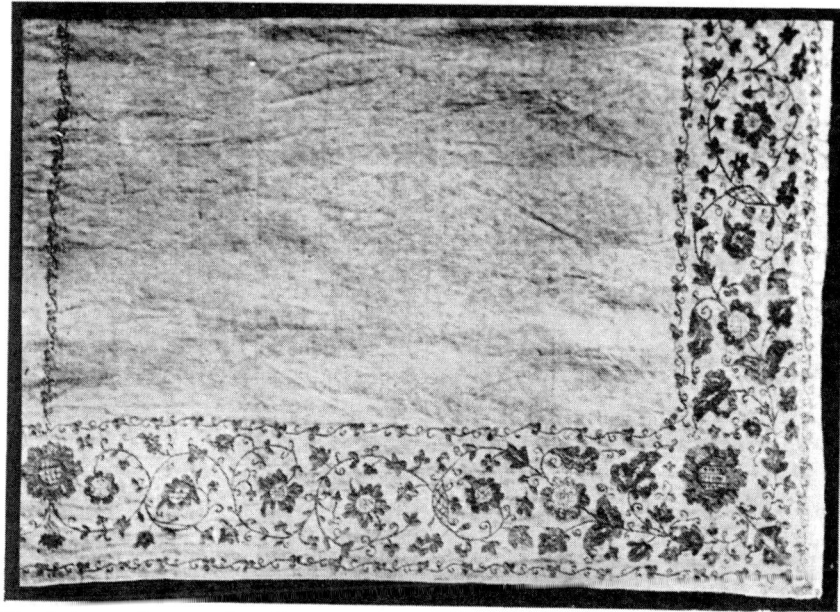

Bordado moderno sobre lienzo casero antiguo, siendo una copia del bordado típico mallorquín del siglo XVII.

Bordado con sedas naranja, azul y coral sobre un lienzo de hilo finísimo.

Tapete con cenefa serpentina de tafetán salmón simulando una cinta. El águila está bordada en bandas y zigzag con seda floja de color salmón para el contorno; con azul, para el pecho, y con verde, para la cabeza y las alas.

Tapete con cenefa compuesta del Sagrado Corazón y del Cordero Pascual, todo bordado con seda coral en contorno a punto de ojal. En el palo del estandarte se introduce una seda gris de punto imitando trenza. Está corrido el encaje con cintitas coral y verde.
(Museo Pedagógico.)

Tapete bordado con sedas de varios colores al pasado; lleva el nombre
de MARIA JOSEFA CARILLO Y HEREDIA.

(Museo Pedagógico.)

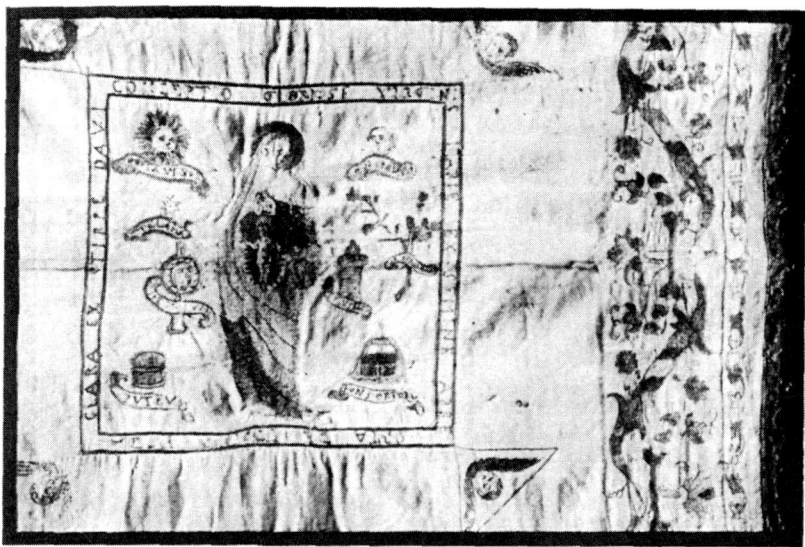

Centro de un paño de altar bordado con sedas dentro de un contorno azul.
Por la inscripción latina está "dedicado a la gloriosa concepción de María
Santísima", representando al Niño Jesús antes de nacer.
(Colección del Sr. Weisberger.)

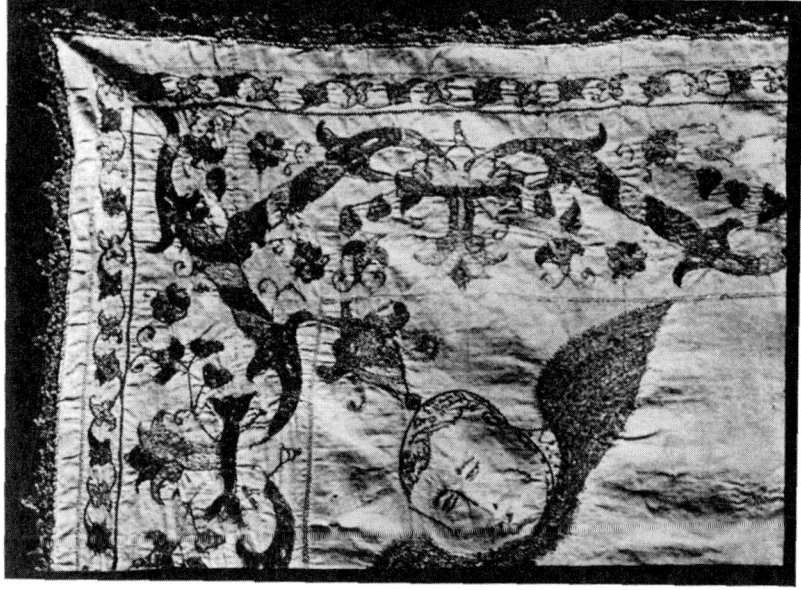

Detalle del paño de altar arriba descrito.

Colcha bordada al sistema oriental; es decir, para economizar la seda se pasa la aguja por la tela solamente de contorno a contorno, y para que no se levanten las puntadas largas, las sujetan por una pasada en sentido opuesto, de trecho en trecho.

Detalle de una colcha bordada con sedas a puntadas largas sujetas
por unas pasadas en sentido opuesto.

Esquina de un tapete bordado con lana negra; la cenefa hecha al sistema de bordar el fondo dejando en blanco el dibujo.

Extremo de un tapete bordado con lana amarilla al sistema de llenar el fondo de bandas horizontales dejando en blanco el dibujo.
(D. José Moreno Carbonero.)

Una tira de dibujo en blanco y fondo bordado con seda verde a punto de cruz en filas horizontales. La parte de la izquierda de la lámina muestra el reverso. (Museo de Arte Industrial, Madrid).

Una tira de tela fina con fondo bordado con hilo azul a media cruz, tirando mucho del hilo para que resulte un poco de calado.

Camisa de novio de Sierra Morena. El escote y los puños están bordados a dibujo blanco contra un fondo bordado de seda cereza. (Museo de Artes Industriales.

Camisa andaluza bordada con seda verde e hilo blanco (para las
hombreras). El escote muestra un dibujo pequeño en blanco contra
un fondo bordado.

Parte de un dechado exclusivamente de deshilados.

Parte de un dechado mostrando un deshilado con fondo envuelto a puntadas espirales de hilo canela y dibujo a punto espíritu de hilo blanco.

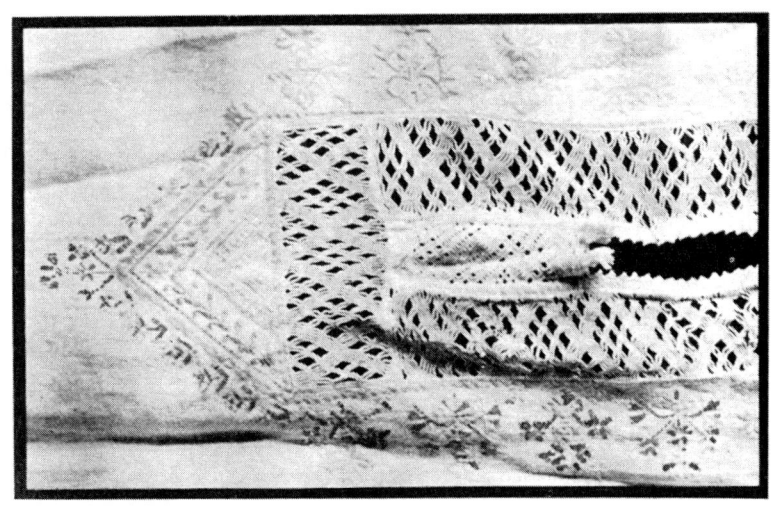

Delantera de una camisa lagarterana adornada con deshilado llamado persa y con bordado blanco.

Deshilado con dibujo de tela intacta sacando los hilos sólo del fondo, y dando al dibujo un contorno a punto de ojal con hilo canela.

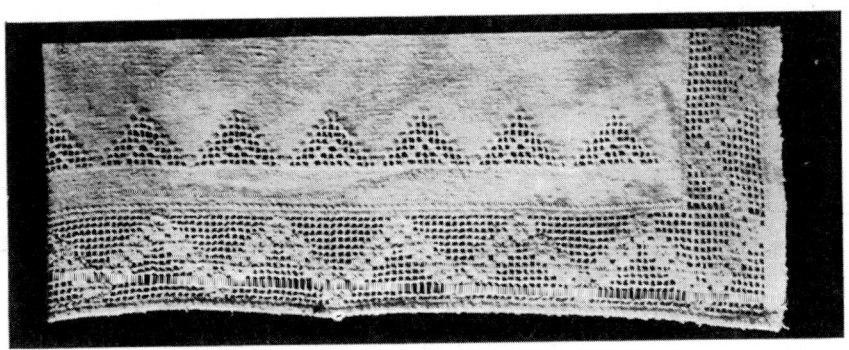

Deshilado penetrando la tela en puntos agudos.

Deshilado llamado *de soles*, muy popular antiguamente en Andalucía. Puede ser derivación del encaje veneciano.

Deshilado cuyo dibujo está hecho al pasado, pasando la hebra solamente en una dirección.

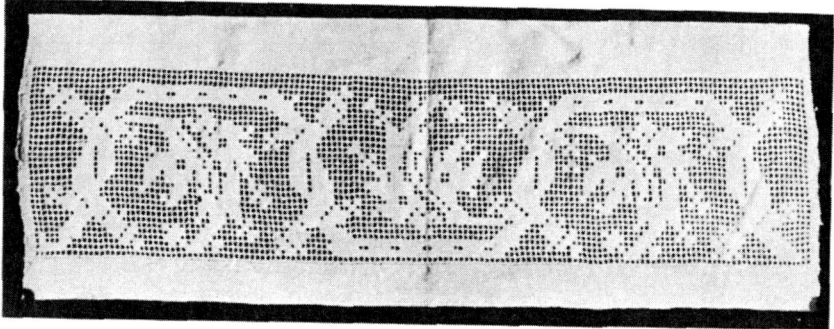

Deshilado cuyo dibujo está zurcido, pasando las hebras en dos direcciones imitando el tejido de la tela.

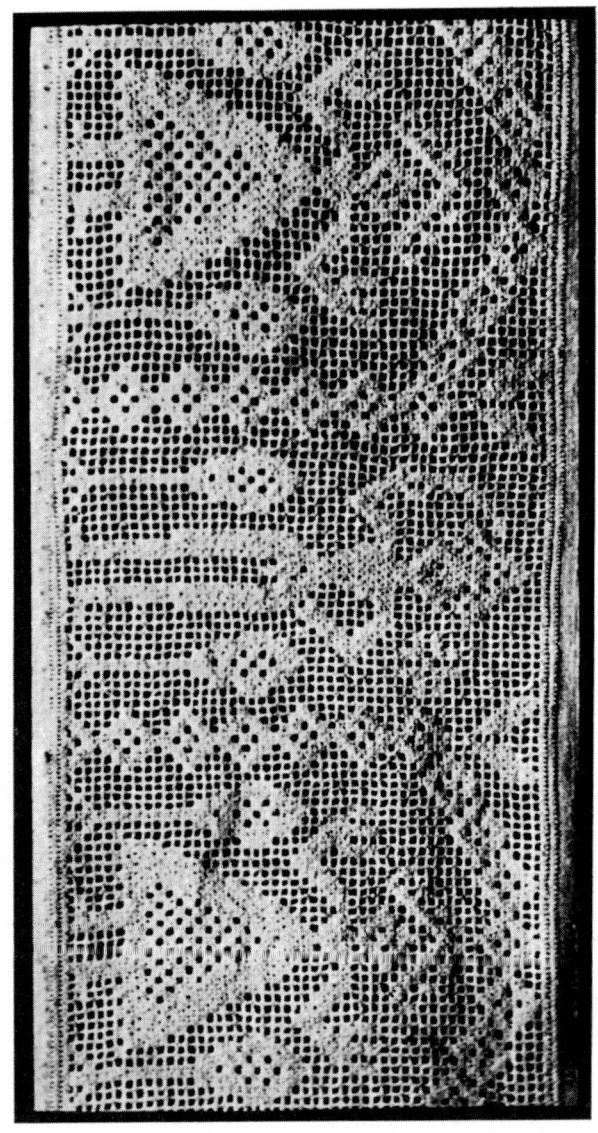

Deshilado con dibujo a punto espíritu.

Una pieza antigua de deshilado nunca terminado, por lo cual se puede ver una parte de las hebras del fondo sin envolver, una parte del dibujo pasada solamente en sentido horizontal y otra parte pasada en los dos sentidos.

Deshilado de hilos sacados en una sola dirección. Llámase deshilado ruso.

Hermoso tapete adornado con deshilado al zurcido, siendo el dibujo una imitación perfecta del tejido de la tela.

Diversos adornos de deshilado.

Deshilado primorosamente hecho a punto espíritu y los contornos a punto de ojal.

Un tapete moderno adornado con labor de deshilado copiando el clásico dibujo del siglo XVII llamado *La caza*.

(Foto. Mas.)

Esquina de un tapete bordado en diente de perro, verde y coral, en combinación con un deshilado por el cual pasan unas cintas en estos mismos tonos.

Tapete mostrando deshilados de un tipo poco frecuente y parecido
a encaje, en combinación con bordado.

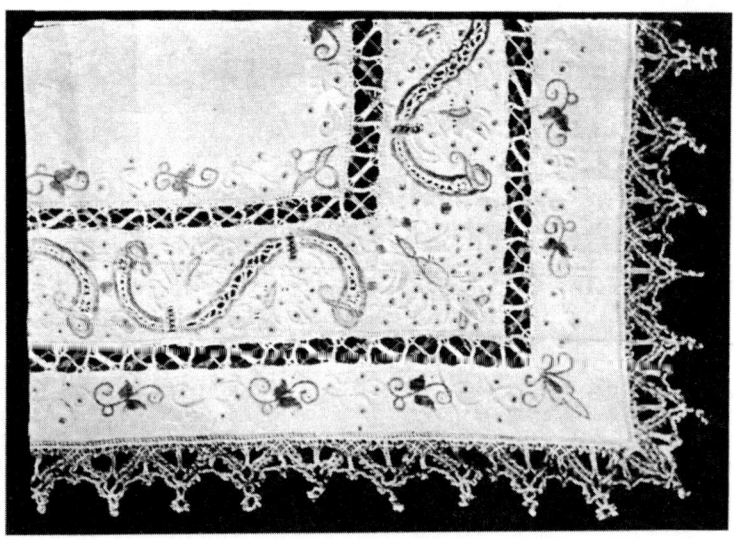

Tapete mostrando deshilados de un tipo poco frecuente y parecido
a encaje, en combinación con bordado.

Esquina de un tapete adornado con rehilados y bordado.

Tapete adornado con deshilado, entredós (de bolillos), aplicación de tafetán verde, y bordado.

(Museo Pedagógico.)

Toalla adornada con deshilado en combinación con bordado en sedas.

Toalla adornada con deshilado en combinación con bordado en sedas.

Combinación de calados y bordados de lana.

Combinación de calados y bordados de lana.

Parte de una hermosísima colcha, de grandes dimensiones, compuesta de cuatro lienzos bordados con seda salmón y cuyos deshilados y entredós van cosidos con esta misma seda.

Toalla que hace juego con la colcha anterior.

Toalla ejecutada en deshilado color melado en combinación con motivos de punto de cruz en el mismo tono.

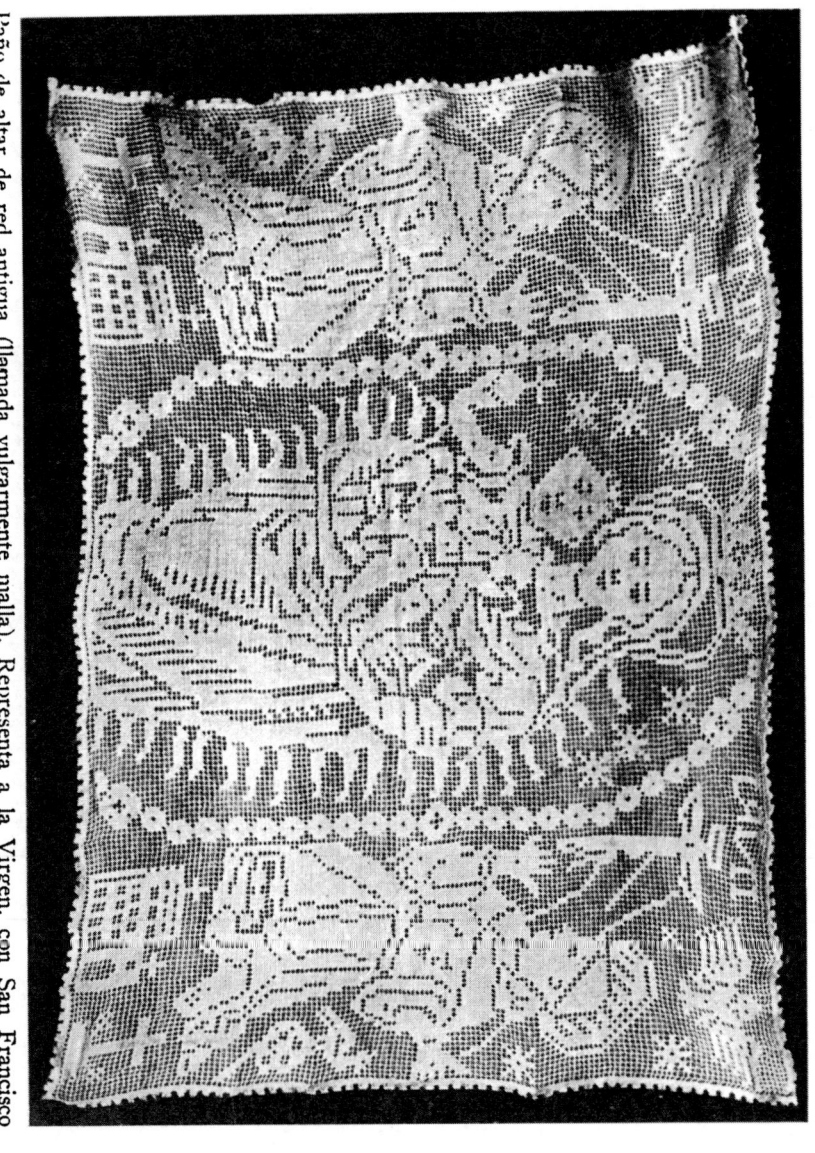

Paño de altar de red antigua (llamada vulgarmente malla). Representa a la Virgen, con San Francisco a ambos lados.

Detalle de un tapete adornado con red antigua. Representa a Santiago, Patrón de España.

(D. José Weissberger.)

Toalla adornada con red antigua, representando *El Bautismo*, y detalle de la misma.

Paño de red antigua que, según la tradición, fué regalado al Monasterio de Nuestra Señora de Guadalupe por la Reina Isabel la Católica.

Delantera de malla con el dibujo muy popular del halconero y la dama.

Colcha moderna copiada de una antigua sevillana compuesta de cuadros de malla y cuadros de bordado abierto con bocadillos. (Fot. Mas.)

Un grupo de bordadoras en una calle de Lagartera (Toledo).